세상에 대하여 우리가 더 잘 알아야 할 교양 24

지은이 | 옮긴이 | 감수자 소개

지은이 **닉 헌터**
청소년을 위한 책을 30권 이상 저술했습니다. 대학에서 현대사를 전공했으며, 역사나 사회과학 분야에 관한 책을 주로 씁니다. 작가가 되기 전에는 교육 전문 출판사에 근무했습니다. 저서로는 《이주(Immigration)》《올림픽(The Olympics)》《스티브 잡스(Steve Jobs)》 등이 있습니다.

옮긴이 **황선영**
연세대학교 유럽어문학과를 졸업하고 서울대학교 국제대학원 유럽지역학 석사를 취득한 후 통번역을 해 왔습니다. 현재 출판기획 및 전문번역가로 활동 중입니다. 주요 역서로는 《시장을 이긴 16인의 승부사에게 배우는 진입과 청산 전략》《통찰력으로 승부하라》《싱크 스마트 워크 스마트》《팅커벨》《리더십이란 무엇인가》 등이 있습니다.

감수자 **정서용**
서울대학교와 영국 런던정경대, 미국 스탠포드대에서 수학했고, 현재 고려대학교 국제학부에 재직하며 학내 글로벌리더십센터 소장을 맡고 있습니다. 대통령직속 녹색성장위원회 위원, 유엔 바젤협약 이행준수위원회 위원 등을 역임했고, 서울국제법연구원 기후환경법정책센터 센터장 및 외교부 외교정책자문위원으로 활동하고 있습니다.

세상에 대하여 우리가 더 잘 알아야 할 교양

닉 헌터 글 | 황선영 옮김 | 정서용 감수

24

국제 관계
어떻게 이해해야 할까?

내인생의책

차례

감수자의 말 - 6
들어가며 - 8

1. 국제 관계란 무엇일까요? - 11
2. 국제 관계의 형성 과정 - 23
3. 국제 관계 속 분쟁과 갈등 - 39
4. 국가 간 빈부 격차, 어떻게 해결할까요? - 61
5. 자원과 환경 문제 - 73
6. 국제 사회는 인권을 어떻게 보장할까요? - 85
7. 종교와 민족주의의 영향 - 93
8. 새로운 도전 과제 - 105

토론하기 - 111
용어 설명 - 114
연표 - 117
더 알아보기 - 120
찾아보기 - 121

※ 본문의 **굵은 글씨**로 표시된 단어는 114쪽 용어 설명에서 찾아보세요.

| 감수자의 말 |

《국제 관계, 어떻게 이해해야 할까?》는 점점 더 국제화되어 가는 세상에서 발생하는 다양한 국제 관계 이슈 중에서 청소년들이 꼭 알아야 할 사항들을 알기 쉽게 소개하고 있는 책입니다. 국내는 물론 국제 사회에서 활동을 할 때, 우리는 국가를 중심으로 생각을 하는 경향이 있습니다. "대한민국이 국제 사회에서 중요한 역할을 해야 한다. 국제연합에 가면 국가의 대표로서 국익을 증진시킬 수 있도록 해야 한다."와 같은 말들은 우리가 일상생활에서 흔히 들을 수 있는 말들이지요. 이러한 측면에서, 국제 관계를 이해할 때는 국가들이 어떻게 관계를 맺고 그 관계 속에서 각국의 이익을 증진하면서 국제 사회의 다양한 문제들을 해결해 가는지에 대해서 생각하는 것이 중요합니다.

한편, 외국에 있는 친구들과 이메일을 통해 실시간으로 쉽게 통신을 할 수 있는 현대 사회에서는 국가들 간의 관계만으로는 해결할 수 없는 중요한 문제들이 대두되고 있습니다. 한 국가의 노력만으로는 해결할 수 없는 공동의 문제로 우리의 생존을 위협하는 온실가스 배출 문제나, 여러 국가가 알 카에다와 같은 다국적 테러 집단에 맞서 싸우는 상황을 예로 들 수 있지요. 이 책은 테러리즘, 기후 변화, 국제 원조, 자원, 환경, 인권 문제 등과 같이 국제 사회의 주목을 끄는 중요한 이슈들에 대해서 알기 쉽게 설명하고 있다는 점에서 돋보이는 책이라고 할 수 있습니다.

  또한 국제 사회의 새로운 이슈들이 지닌 복잡한 특징을 고려할 때, 이제는 국가 이외에 다양한 행위자들, 즉 국제기구, 다국적 기업, 비정부 기구, 심지어 개인이 어떻게 국제 사회에 영향을 주고 있는가를 이해하는 것 역시 현재의 국제 관계를 이해하는데 중요합니다. 이 책은 국제 관계를 설명함에 있어서 각 사안별로 다양한 국제 사회의 행위자들에 대해서 예시를 통해 매우 적절하게 소개하고 있습니다. 국제화 시대에 발맞춰 미래를 설계하려 준비하는 청소년들이 반드시 읽어야 하는 필독서로 이 책을 추천합니다.

고려대학교 글로벌리더십센터 소장 **정서용**

들어가며 : 국제적 차원에서 본 독도 영유권 논쟁

2005년 7월 27일, 뉴욕 타임스 사회면에 독특한 광고가 실렸습니다. "독도는 한국의 영토다(Dokdo is Korean Territory)."라는 커다란 검은 글씨가 사람들의 시선을 사로잡는 광고였어요. 그 밑에는 작은 글씨로 독도에 대한 설명이 덧붙여져 있었습니다. 독도는 한반도의 동쪽에 위치한 두 개의 섬이며 한국의 영토에 속한다는 내용이었지요. 또한 일본 정부는 이 사실을 인정해야 하며, 한국과 일본은 동북아시아의 평화를 위해 협력해야 한다는 문장도 덧붙여져 있었어요. 우리나라 사람이 사비를 털어 게재한 이 광고는 민감한 영토 문제를 직접적으로 건드렸다는 점에서 전 세계인의 관심을 불러일으켰어요.

이후에도 몇몇 한국인과 한국 기업이 미국의 여러 신문에 독도는 한국의 영토라는 내용의 광고를 여러 차례 실었습니다. 이들은 뉴욕의 중심지인 타임스 스퀘어에 위치한 거대한 전광판에 독도를 홍보하는 동영상 광고를 내보내기도 했어요. 네티즌 9만 4천여 명이 포털 사이트를 통해 모금한 돈으로 〈워싱턴 포스트〉에 독도에 관한 광고를 실은 적도 있습니다. 2012년에는 오스트레일리아에 거주하는 한국 교민이 시드니 국제공항에 독도는 대한민국의 섬이라는 내용의 광고를 게재하기도 했어요. 이처럼 우리나라 사람들은 독도가 대한민국의 영토임을 전 세계에 알리기 위해 적극적으로 노력하고 있습니다.

독도를 다케시마라고 부르며 자국의 영토라고 주장하는 일본은 이런 움직임에 크게 반발하고 있어요. 일본 정치인들은 독도 광고를 비난하며 해당 신문사나 광고사에 광고를 중단할 것을 요청하기도 했습니다. 실제로 일본인들의 항의 때문에 독도 관련 광고가 중간에 중단된 사례도 있어요. 이외에도 일본은 독도의 영유권을 주장하기 위해 '다케시마의 날'을 제정하고 관련 행사를 여는 등 다양한 수단을 동원하고 있습니다.

과거에 일본 정부는 우리 정부에 독도 문제를 국제사법재판소(ICJ)에 제소하자고 여러 번 제안했습니다. 그때마다 우리 정부는 독도는 분쟁 지역이 아니라 한국 고유의 영토이기 때문에 제안에 응할 이유가 없다고 거절했지요. 그러나 일본은 독도를 분쟁 지역으로 몰아감으로써 궁극적으로 영유권을 차지하려는 노력을 포기하지 않고 있습니다. 일례로 2013년 3월에 일본 문부성의 심의를 통과한 역사 교과서 중에는 독도 문제를 국제사법재판소나 국제연합 안전보장이사회에 제소해야 한다고 주장하는 내용이 담긴 교과서도 있었습니다. 또한 독도를 '시마네 현 다케시마'로 표기한 교과서도 6종류나 되었어요.

이처럼 우리나라와 일본 간의 입장 차는 너무나 팽팽해서 좁히기 어려울 정도입니다. 그런데 왜 우리나라와 일본은 모두 이 문제를 양국 간에만 해결하려고 하는 게 아니라 다른 나라 사람들의 지지를 얻으려고 하는 걸까요? 위의 사례에서 알 수 있듯이 우리나라와 일본은 상대국에 대해 자국의 입장을 내세우는 동시에, 각국의 입장에 대해 국제적인 공감을 얻기 위해서 노력하고 있습니다. 외국 신문에 광고를 내는 것이나 국제사법재판소에 이 문제를 제소하려는 것은 모두 이러한 노력의 일환입니다. 두 국가 간의 문제가 국제적인 차원으로 확장한 것이지요.

이처럼 전 세계가 긴밀하게 연결되어 있는 현대 사회에서는 한 국가, 혹은 몇몇 국가의 문제가 다른 나라에까지 영향을 미치는 경우가 비일비재합니다. 나날이 복잡해지는 국제 관계 속에서 우리는 이득을 얻는 경우도 있지만, 뜻하지 않게 피해를 입을 수도 있어요. 국제 관계는 양날의 칼과 같습니다. 국경을 넘어 형성되는 다양한 관계들을 제대로 이해하고 파악해야만 빠르게 변화하는 국제 사회에서 살아남을 수 있을 것입니다.

국제 관계란 무엇일까요?

1 CHAPTER

국제 사회에는 다양한 형태의 관계가 존재합니다. 각 국가나 조직은 경쟁이나 대립 관계를 형성할 수도 있고, 신뢰와 협력에 기반을 둔 관계를 맺을 수도 있어요. 그렇다면 국제 관계를 어떤 방식으로 이해해야 할까요?

'국제 관계'라는 말을 들으면 어떤 이미지가 떠오르나요? 어쩌면 여러 국가의 지도자가 회의를 하고 서류에 서명하는 장면이 연상될지 모릅니다. 이런 장면이 국제 관계의 중요한 특징을 보여 주기는 하지만, 이 말 속에는 이 외에도 다양한 이야기가 숨어 있습니다. 국제 관계는 단순히 한 정부가 다른 정부의 의견에 동의한다고 해서 형성되지는 않아요. 그렇다면 국제 관계란 과연 무엇일까요? 이를 이해하기 위해서는 정치와 윤리에 대해 먼저 알아야 합니다.

정치와 윤리

여러분은 정치라는 단어를 어떻게 이해하나요? 사람들은 대개 이 단어를 들으면 회색 정장을 입은 이들이 세금, 복지, 교육 등을 주제로 논쟁하는 모습을 떠올릴 거예요. 하지만 사람들이 서로 관계를 맺는 일이면 무엇이든 정치라고 할 수 있습니다. 정치는 사회 내의 여러 구성원이 영향력을 주고받는 방식을 뜻하며, 이들 사이의 관계도 의미합니다. 이러한 관계는 협력이나 대립, 저항 등 다양한 모습으로 나타나지요.

정치는 사회를 평화롭고 안전하게 유지하는 기능을 수행하며, 구성원들 간의 이해관계를 조정하는 중요한 역할을 합니다. 그중에서도 국가가 국민을 다스리고 사회를 통치하는 행위가 정치의 핵심이라 할 수 있어요. 여기에는 개인과 가정이 사회의 구성원으로서 바르게 행동하는 데 필요한 각종 규칙을 정하는 일도 포함됩니다. 또 학교처럼 사회 전체에 유익한 공공시설을 마련하기 위해 세금을 부과할 때에도 정치의 역할이 필수적이지요.

윤리란 사람으로서 마땅히 지켜야 할 도리를 의미합니다. 사회는 사람들에 의해 구성되므로, 윤리는 사회를 유지하는 데 꼭 필요한 요소이지요. 사람들이 서로 교류를 하다 보면 사고방식의 차이 때문에 갈등이 발생하기 마련입니다. 따라서 사회를 올바르게 다스리고 조직하기 위해서는 정치에도 윤리적인 잣대를 적용해야 합니다.

정치에서 가장 중요한 윤리적 문제는 정부가 힘을 어떻게 행사하는지, 혹은 남용하지는 않는지에 관한 것입니다. 또한, 시민이 국가의 구성원으로서 어떤 권리를 누리는지, 어떤 책임을 지는지를 결정할 때도 윤리적인 기준에 근거를 두지요.

전문가 의견

정치와 도덕을 구분하는 사람은 결국 둘 중 하나도 이해하지 못할 것이다.
― 존 몰리 영국 정치인, 1886년

국제 관계란?

정치가 한 사회 내에서 사람들이 활동하고 관계를 맺는 방식을 뜻한다면, 국제 관계는 국제 사회를 구성하는 여러 세력이 서로 영향력을 주고받는 방식을 나타냅니다. 국제 관계는 고정되어 있지 않고 변화무쌍합니다. 각국 정부는 특정 문제에 대해서 의견이 엇갈리더라도, 다른 사안에 관해서는 서로 협력할 수도 있어요. 또한, 어떤 두 나라가 정치적, 군사적으로 동맹 관계라 하더라도 다른 국가에 상품을 수출하기 위해 서로 경쟁할 수도 있습니다.

국제 관계란 두 정부 사이에 맺어지는 관계만을 의미하는 것은 아닙니다. 개인이나 조직, 단체도 국경을 넘어 국제적인 관계를 형성할 수

> 2011년 봄, 이집트 국민은 30년간 장기 집권한 무바라크 대통령의 퇴진을 요구하는 혁명을 일으켰다. 결국 무바라크 대통령은 군부에 권력을 이양하고 권좌에서 물러났다. 이 혁명은 주변에 있는 다른 국가들에도 큰 영향을 미쳤다.

> **알아두기**
>
> 외국에서 분쟁이 일어나면 지리적으로 멀다는 이유로 우리의 삶과 무관하다고 여기기 쉽다. 하지만 실제로는 그렇지 않다. 오늘날에는 전 세계가 그 어느 때보다 긴밀하게 연결되어 있기 때문이다. 음식이나 옷 등의 생활필수품이 지구 반대편에 있는 국가에서 생산되는 일도 흔하다. 게다가 요즘에는 조국을 떠나 다른 나라에 가서 사는 사람도 많다. 따라서 수천 킬로미터 떨어진 곳에서 일어나는 갈등이 우리 사회에도 영향을 미칠 수 있다.

있어요. 이들은 다양한 목적을 위해 서로 협력하기도 하고 갈등을 빚기도 하면서 갖가지 규모와 형태의 관계를 맺습니다.

윤리는 국제 관계에서도 핵심적인 역할을 수행합니다. 국제 관계에서도 구성원들 간에 의견이 충돌하고 이해관계가 상충하므로, 이를 조정하는 기준이 필요하기 때문이지요. 하지만 국가나 문화권마다 윤리를 이해하는 방식이 다르므로 이를 신중히 조율해야 합니다.

국제 관계의 구성원

국제 관계의 가장 중요한 구성원은 국가입니다. 각 국가는 개별적으로 국제 사회의 일원으로 활동하기도 하고, 조직을 구성해 공동의 관심사와 이익을 위해 협력하기도 합니다. 전 세계에 가장 많은 회원국을 거느린 국제연합(UN, United Nations)이 국제적인 조직의 대표적인 예입니다. 북미자유무역협정(NAFTA, North American Free Trade Agreement)이나 동남아시아국가연합(ASEAN, Association of Southeast Asian Nations)과 같이 지역 단위로 이루어진 모임들도 있어요. 때로는 더 구체적인 관심사에 기반을 둔 국가들이 모이기도 하지요. 예를 들어, 석유수출국기구(OPEC, Organization of Petroleum Exporting Countries)는 아시아, 아프리카, 남아메리카의 산유국들이 속한 국제적인 조직입니다.

이 밖에, 세계 곳곳에서 활동하며 국제 사회에서 중요한 역할을 수행

집중탐구 국제연합

국제연합은 세계 평화를 촉진하고, 인류에게 닥친 문제들을 해결하기 위해 1945년에 결성됐다. 국제연합은 다양한 기구를 조직해 여러 사안들을 다루며, 국가 간 협력을 증진하고 인권을 보호하는 일에 앞장서고 있다.

현재 회원국 수는 190개가 넘으며, 회원국들의 투표로 선출된 사무총장이 조직을 이끈다. 2006년에는 제8대 사무총장으로 한국의 반기문 전 외교부 장관이 선출됐다. 회원국들은 미국 뉴욕에서 열리는 총회에 대표를 보내 자국의 의견을 피력하고 의사결정 과정에 참여한다.

국제연합을 구성하는 주요 기구로는 세계 평화와 안전의 유지를 담당하는 안전보장이사회(Security Council)가 있다. 또한 경제사회이사회(Economic and Social Council)는 다양한 사안을 국제적인 시각에서 조망하며, 국제사법재판소(International Court of Justice)는 국가 간의 분쟁을 조정하려 노력한다. 국제연합은 지구촌 곳곳의 갈등을 방지하는 일을 포함해 국제적 차원의 문제들을 해결하는 일을 최우선 과제로 삼고 있다. 하지만 강대국의 개입이나 국제연합 내부의 의견 충돌 때문에 그 영향력이 제한되는 경우가 많다.

하는 민간 조직도 있습니다. 자선 단체나 환경 보호 **압력 단체**인 그린피스(Greenpeace) 같은 조직을 예로 들 수 있어요. 기독교를 비롯해 전 세계에 신도를 거느린 종교들도 국제 관계의 일부를 이룹니다. 또한, 여러 나라를 무대로 활동하는 **다국적 기업** 역시 국제 관계에 영향을 미칩니다.

국제 관계의 구성원이면서도 사람들에게 환영받지 못하는 조직들도 있어요. 알 카에다 같은 테러리스트 집단이 한 예이지요. 알 카에다는 미국과 그 우방국은 물론, 이슬람 국가 중에서 자기들과 사이가 좋지 않은 몇몇 국가들을 공격했어요. 또한, 정해진 체계나 근거지 없이 기습적으로 전투를 벌이는 게릴라 집단도 사람들에게 두려움의 대상입니

▎국제연합은 미국 뉴욕에 본부를 두고 있다.

다. 이들은 정치적인 목적을 달성하기 위해 특정 국가를 공격하며, 이 과정에서 다른 나라의 지원을 받기도 합니다.

국제 관계를 바라보는 시각

국제 사회에는 다양한 형태의 관계가 존재합니다. 각 국가나 조직은 경쟁이나 대립 관계를 형성할 수도 있고, 신뢰와 협력에 기반을 둔 평화로운 관계를 맺을 수도 있어요. 그렇다면 국제 관계를 어떤 방식으로 이해해야 할까요? 국제 관계를 설명하기 위한 여러 관점이 존재하지만, 실제로 형성되는 국제 관계는 이보다 복잡한 경우가 많습니다.

- **상호 경쟁 관계**

국제 관계는 권력을 얻기 위한 끊임없는 투쟁의 일부일 뿐이라고 주장하는 사람들이 있어요. 이 이론은 군사력을 중시하는 사고를 바탕으로 합니다. 이탈리아의 정치사상가인 니콜로 마키아벨리는 자신의 저서 《군주론》에서 이 이론을 발전시켰습니다. 마키아벨리의 주장에 의하면 국가는 권력을 행사할 때에만 원하는 것을 얻고, 경쟁에서 다른 나라를 앞설 수 있어요. 권력을 행사하지 않거나 할 수 없는 국가는 국제적인 힘겨루기에서 패배할 수밖에 없지요. 따라서 강대국과 동맹을 맺어 자국의 안보를 확보해야 합니다. 이 이론은 역사 속에서 현실화되기도 했습니다. 예를 들어 **냉전**(34쪽 참고) 시대에 미국과 그 우방국, 러시아와 그 우방국 간의 동맹 관계는 이런 생각을 기반으로 확립됐어요.

> **인물탐구** **니콜로 마키아벨리**
>
> 르네상스 시대를 대표하는 사상가인 마키아벨리(1469~1527년)는 오늘날 이탈리아의 일부가 된 피렌체 공화국에서 태어났다. 마키아벨리는 공직자로 일할 때 얻은 경험을 바탕으로 1513년에 《군주론》을 집필했다. 이 책은 역사상 가장 영향력 있는 정치 도서로, 권력을 획득하고 행사하는 방법에 관한 내용을 담고 있다. 마키아벨리는 군주가 권력을 얻고 국가를 이끌기 위해서는 강한 모습을 보여야 한다고 믿었다. 따라서 이를 위해 군주는 거짓말을 하거나 비도덕적인 방법을 이용할 수도 있다고 주장했다.

- **상호 의존 관계**

국제 관계에 관한 또 다른 이론에서는 세계 각지에 사는 사람들이 서로 연결되어 있다고 봅니다. 이 이론은 전 세계가 석유나 물 같은 천연자원부터 경제 체계에 이르기까지 다양한 것들을 공유한다는 점을 강조합니다. 일례로 다국적 기업은 여러 나라에서 자원을 얻고, 물건을 생산하고, 상품을 판매합니다. 자연히 전 세계의 국가들은 경제적으로 서로 의존하며, 한 나라의 상황이 다른 나라에 영향을 미치는 경우도 발생하지요. 세상이 하나로 연결되어 있다고 생각하는 사람들은 이러한 상호 의존이 인류의 평화와 번영을 이룩하는 데 도움이 된다고 주장합니다.

- **현실에서의 국제 관계**

실제로는 대부분 국제 관계가 위에 언급한 두 가지 이론 모두에 토대

1989년 이래로 동유럽의 여러 공산주의 정부들이 대중의 시위 때문에 무너졌다. 이로 인해 냉전 시대가 끝났다. 사람들은 공산 정권의 붕괴를 계기로 국가 간 대립이 사라지기를 바랐다. 하지만 오늘날에도 여전히 세계 각지에서 다양한 분쟁이 벌어지고 있다.

를 두고 있습니다. 가령 미국은 세계 최대의 군사 강국이며, 마키아벨리의 이론처럼 군사력을 동원해 원하는 것을 얻을 힘이 있습니다. 하지만 다른 국가와 마찬가지로 미국도 동맹을 맺어야 하지요. 다른 나라와 문화적으로 교류하고 상품을 사고팔기 위해서입니다. 따라서 항상 공격적인 모습을 보일 수는 없으며, 대부분 국가와 원만한 관계를 유지해야 합니다.

한편, 여러 국가가 서로 협력해 평화로운 국제 관계를 유지할 수 있다는 생각은 현실과는 거리가 있습니다. 현실 세계에서는 특정한 문제를 두고 국가 간에 이해관계가 엇갈리는 경우가 많아요. 그래서 세상에는 항상 분쟁이나 갈등이 존재하지요. 예를 들어, 기후 변화처럼 전 세계적으로 중요한 문제를 국제 사회가 함께 해결하지 못하는 이유는 잠재적인 해결책이 일부 국가에는 이익이 되지 않기 때문입니다(79쪽 참고). 그러나 국제적인 협력을 통해 각종 문제를 해결하려는 시도는 여전히 계속되고 있습니다.

간추려 보기

- 정치는 사람들 사이의 관계를 포함하는 사회적 활동을 총칭하며, 다양한 방식으로 우리의 삶에 영향을 미친다. 윤리는 개인이나 사회가 마땅히 지켜야 할 도리를 의미한다. 특히 정치 윤리는 사회를 통치하고 조직하는 올바른 방법을 결정하는 기준으로 작용한다.
- 국제 관계란 각 국가나 주요 세력 간의 국제적인 상호 관계를 의미한다. 국제 관계는 정부뿐만 아니라 각종 단체나 조직, 기업 등에 의해 구성된다. 국제 관계에서도 윤리는 문제를 해결하고 갈등을 조정하는 데 사용되는 중요한 잣대다.
- 국제 관계를 바라보는 관점은 크게 두 가지가 있다. 첫 번째는 권력 행사와 경쟁에 기반을 둔 것이고, 두 번째는 상호 의존과 협력에 토대를 둔 것이다. 현실 세계에서는 두 가지 방식이 공존한다.

2
CHAPTER

국제 관계의 형성 과정

옛날 사람들은 부족 단위로 모여 살거나 흩어져 살았고, 고대 그리스의 도시 국가 시기가 되어서야 국가라는 개념이 생겨나기 시작했지요. 이후 각각의 국가들이 정기적으로 접촉하면서 점차 국가 간 관계가 형성됐습니다.

고대에는 세상이 지금처럼 국가라는 단위로 명확하게 나뉘어 있지 않았어요. 옛날 사람들은 부족 단위로 모여 살거나 흩어져 살았고, 고대 그리스의 도시 국가 시기가 되어서야 국가라는 개념이 생겨나기 시작했지요. 이후 각각의 국가들이 정기적으로 접촉하면서 점차 국가 간 관계가 형성됐습니다. 아테네와 스파르타 같은 도시 국가는 서로 전쟁을 벌이기도 했지만, 언어와 문화를 공유하기도 했어요. 페르시아가 침입했을 때처럼 외부의 공격이 있을 때는 힘을 합쳐 적을 무찌르기도 했지요.

시간이 흐르면서 다양한 집단이나 부족이 모여서 하나의 큰 **제국**을 이루었습니다. 제국의 통치자는 제국 주변의 땅을 점령하면서 세력을 더욱 확대했습니다. 과거의 제국 중에서 가장 규모가 크고 오랫동안 명맥을 유지한 제국은 로마 제국이에요. 로마 제국은 거의 1,000년 동안 유럽의 대부분 지역과 지중해 연안의 땅을 지배했습니다. 로마인들은 다른 국가의 존재를 인정하지 않았으며, 다른 민족이 사는 지역을 로마 제국이 아직 점령하지 않은 곳으로만 여겼습니다.

기원후 476년에 로마 제국이 멸망한 뒤, 국가 간 구분은 더욱 모호해

로마 제국은 중동에 사는 사람들부터 잉글랜드 북쪽의 하드리아누스 방벽 안에 사는 사람들까지 다양한 민족과 문화를 통합했다. 사진 속의 묘비는 북아프리카의 한 발굴 현장에서 발견된 로마 시대의 묘비다. 이는 로마의 세력이 북아프리카에까지 미쳤음을 증명하는 역사적 자료다.

졌어요. 로마 제국의 뒤를 이어 패권을 장악하려는 국가들 사이에 전쟁이 잦아졌기 때문입니다. 영토를 둘러싼 분쟁이 늘어나면서 국경도 빈번하게 바뀌었지요. 각 나라의 왕들은 더 많은 땅을 차지하기 위해 평민들을 전쟁터로 내보내고 식량 등의 각종 자원을 걷었습니다. 이 때문에 전쟁으로 고통받는 사람들이 점차 늘어나자, 가톨릭교회가 나서서 국가 간 갈등을 중재했습니다.

국가의 성립과 팽창

16세기 초, 유럽에서는 가톨릭교회의 부패를 시정할 것을 요구하는

> **집중탐구** 종교와 국제 관계
>
> 기독교는 유럽에 전파된 뒤 빠른 속도로 확산됐다. 특히 유럽의 각국 지배층은 피지배층을 교화하고 다스리는 수단으로 기독교를 활용했다. 그 결과 지역별로 언어나 문화는 달랐지만, 유럽인들은 모두 기독교를 믿었다. 이 때문에 기독교와 그 수장인 교황은 유럽인들의 신앙생활에 막대한 영향력을 행사했다. 16세기에 종교 개혁이 일어나기 전에는 교회의 권위가 국가의 권위보다 높은 때도 있었다. 또한, 기독교 신앙은 국제법이 만들어지는 과정에 윤리적인 기준으로 작용했다. 유럽에서는 이처럼 여러 국가가 같은 종교를 믿었기 때문에 국가 간의 유대 관계가 쉽게 형성될 수 있었다. 그러나 종교가 국제 관계에 항상 긍정적인 영향만 미친 것은 아니다. 종교는 인류가 저지른 가장 끔찍한 범죄들을 정당화하는 수단으로 쓰이기도 했다.

종교 개혁이 일어났습니다. 이를 계기로 기존의 기독교(가톨릭)를 옹호하는 국가와 개신교를 옹호하는 국가 사이에 갈등이 생겨났지요. 결국 1618년에 30년 전쟁이 시작됐고, 이 전쟁으로 인해 유럽 국가들은 둘로 나뉘어 대립했습니다. 그러나 이 전쟁에 나쁜 점만 있었던 것은 아니에요. 종전을 위해 체결된 베스트팔렌 **조약**은 근대적 의미의 국가 개념이 탄생하는 데 기여했습니다. 이 조약에는 규모가 작은 국가도 스스로 통치하고, 다른 국가와 동맹을 맺을 권리가 있다는 내용이 담겨 있었기 때문입니다.

1648년 이후 유럽에서는 독립 국가가 정치 조직의 일반적인 형태로 자리 잡았습니다. 이처럼 개별 국가의 정치적 독립성이 인정되기는 했지만, 여러 국가가 공동의 문화를 공유하는 경우도 있었습니다. 이 당시에도 강대국의 언어와 문화는 주변국들에 큰 영향을 미쳤지요. 하지만 이 시기에 아프리카 등 유럽 외 지역에서는 아직 국가라는 개념이 널리 퍼지지 않았습니다. 다만 섬나라인 일본처럼 명확한 지리적 경계를 기반으로 국가가 일찍 성립된 예외적인 경우도 존재합니다.

크리스토퍼 콜럼버스가 1492년에 아메리카 대륙을 발견하면서 다른 대륙에 대한 유럽인들의 관심이 커졌습니다. 그 뒤 내부적으로 국가의 기틀이 잡히고 경제가 성장하면서, 유럽인들은 점차 외부로 진출하기 시작했어요. 이들은 중국이나 일본처럼 문명화된 사회에서는 현지인들과 신뢰를 쌓는 방식으로 무역 관계를 맺었습니다. 그러나 문명화가 덜 진행된 지역은 무력으로 정복한 뒤 **식민지**로 만들었어요. 남아메리카 등의 지역에서는 원주민을 노예로 부리기도 했지요. 유럽의 강대국들은 정치적 영향력을 확대하고 자원을 얻기 위해 새로 발견한 지역에 경쟁적으로 제국을 건설했습니다.

제국의 성장

이전까지는 통치자가 통치 지역 주위의 땅을 점령하는 방식으로 제국을 세웠습니다. 로마 제국과 몽골 제국이 이러한 예입니다. 하지만 새로 생긴 유럽 제국들은 여러 대륙에 영토가 걸쳐져 있었어요. 그 과정에서 하나의 대륙이 여러 개로 나뉘어 서로 다른 나라의 지배를 받는 경우가 생겨났습니다. 유럽 사람들이 가장 적극적으로 식민지를 개발한 지역은 아메리카 대륙입니다. 특히 스페인과 포르투갈은 중앙아메리카와 남아메리카 대부분을 장악했습니다. 북아메리카의 동쪽 해안에는 영국의 식민지가 13군데나 있었고, 이 지역들이 스페인과 프랑스가 건설한 식민지와 합쳐져서 오늘날의 미국이 됐습니다.

이렇게 형성된 유럽 제국들은 윤리적 문제를 안고 있었습니다. 당시 유럽 국가들은 식민지 주민에게 자국민과 동등한 권리를 부여하지 않았습니다. 가령 북아메리카 식민지의 주민은 납세의 의무는 있지만, 세금과 관련된 법을 처리하는 의회에 대표를 보낼 권리는 없었어요. 이는 훗날 미국 독립혁명이 발생하는 주요한 원인이 되었으며, 이 혁명으로 영

인물탐구 시몬 볼리바르

남아메리카의 독립운동 지도자인 시몬 볼리바르(1783~1830년)는 '해방자'라고 불린다. 베네수엘라, 콜롬비아, 페루, 볼리비아, 에콰도르를 비롯한 여러 국가가 스페인에서 독립하도록 도왔기 때문이다. 볼리바르는 베네수엘라의 귀족 가문에서 태어났으며, 어려서부터 유럽의 계몽사상을 교육받으며 자랐다. 1810년 무렵 독립운동에 뛰어든 볼리바르는 베네수엘라와 주변국들의 독립 혁명을 성공적으로 이끌었다.

국은 1783년에 이 지역의 식민 통치를 포기해야 했지요.

제국주의가 확산하면서 인종 간의 차이에 대한 인식이 생겨났습니다. 이러한 차이는 오해와 편견을 낳았고, 유럽인들의 다른 인종에 대한 차별이 점차 심해졌습니다. 그 결과 유럽인들은 다른 지역의 사람들을 열등한 존재로 인식했고, 이들을 착취하거나 노예로 삼기도 했어요. 또한 각국의 지도층 사이에서 식민지 원주민들은 유럽인의 도움 없이는 자국을 통치할 수 없다는 생각이 지배적이었습니다.

그러나 제국에 장점이 있었다고 주장하는 사람들도 있어요. 이들은 영국이 식민지를 건설하는 과정에서 **민주주의**의 이념이 전 세계로 전파됐다고 말합니다. 그리고 오스트레일리아, 캐나다, 미국 등 과거의 식민지들이 독립하면서 유럽에서 가난하게 살던 사람들이 새로운 삶을 시

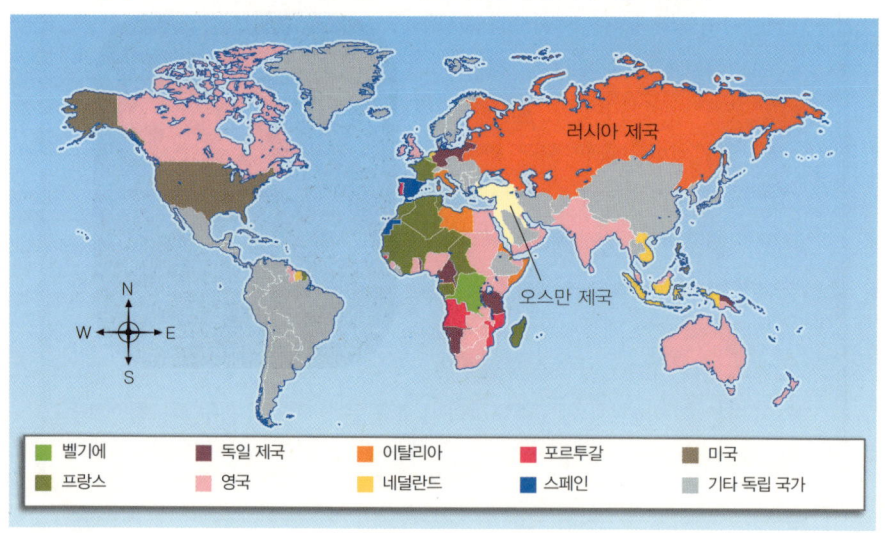

이 지도는 제1차 세계 대전이 발발한 1914년 당시 유럽 국가들의 영토를 보여 준다.

찬성 vs 반대

(제국의 통치자들은) 인도나 미얀마 등 식민지의 자원을 빼앗아 부를 축적할 뿐 이들 국가에 아무것도 돌려주지 않습니다. 이런 문제들이 계속 쌓이다 보면 전쟁으로 이어질 것입니다.
— 프랭클린 루스벨트 전 미국 대통령, 1933~1945년 집권

영국의 패권은 영원히 계속되어야 합니다. 그래야만 사람들이 보편적인 자유를 누릴 수 있고, 모멸적인 것들로부터 해방되기 때문입니다.
— 알렉산더 매켄지 전 캐나다 총리, 1873~1878년 집권

작할 기회를 얻을 수 있었다고 말합니다. 하지만 제국주의에 이점이 존재한다 하더라도, 오늘날에는 각국의 독립성을 인정해야 한다는 생각이 널리 받아들여지고 있습니다.

세계 대전

20세기 초에 유럽의 여러 제국은 최고의 전성기를 누렸습니다. 하지만 더 정복할 땅이 없어지자 영국, 프랑스, 독일 사이에 식민지 문제를 둘러싼 갈등이 생겨났어요. 그와 동시에 남유럽과 북아프리카, 중동에 이르는 넓은 땅을 통치하던 오스만투르크 제국이 붕괴하기 시작했습니다. 이는 곧 제국에서 독립하려는 신생 국가들의 투쟁으로 이어졌지요.

이러한 상황에서 유럽 제국들은 대내외적으로 많은 문제에 직면했습

니다. 1914년부터 1918년까지 유럽과 그 식민지를 강타한 제1차 세계 대전은 이런 배경 속에서 발발했어요. 직업 군인들이 전쟁을 치렀던 이 전까지와는 달리, 이 전쟁은 역사상 최초로 **총력전**의 성격을 띠었습니다. 전쟁에 참여한 모든 국가가 승리를 위해 산업 시설 전반과 국민 전체를 동원해서 싸웠어요. 이 과정에서 1,500만 명이 넘는 사람들이 목숨을 잃었고, 그보다 많은 사람이 다쳤습니다. 제1차 세계 대전은 그때까지 인류가 겪은 가장 파괴적인 전쟁이었습니다.

제1차 세계 대전이 끝난 지 20년이 조금 지났을 무렵, 세계는 또다시

사례탐구 베르사유 조약

제1차 세계 대전이 끝난 뒤 승전국들은 평화 협정을 맺기 위해 프랑스 파리에 모였다. 패전국들은 이 자리에 초대받지 못했다. 영국과 프랑스는 전쟁을 일으킨 주범으로 독일과 그 동맹국을 지목하며 처벌을 주장했다. 결국 독일이 전쟁의 책임을 지며 독일 국민이 전쟁 비용을 배상한다는 내용의 베르사유 조약이 체결됐다. 이후의 분쟁에 대비해 국제연맹(League of Nations)을 설립한다는 내용도 조약에 포함됐다.

하지만 국제연맹은 1930년대에 시작된 제2차 세계 대전을 막을 만한 힘이 없었다. 또한, 베르사유 조약은 전쟁에 간접적인 원인을 제공했다. 아돌프 히틀러는 전쟁을 일으키기 위해 국민을 선동할 때 이 조약 때문에 독일이 전후에 불공정한 대우를 받았다고 주장했다. 이 때문에 베르사유 조약이 평화를 촉진하기는커녕 오히려 더 큰 갈등을 초래했다는 의견이 지배적이다.

전쟁에 휩싸였어요. 1939년 발발한 제2차 세계 대전은 거의 모든 대륙에서 벌어졌고, 1945년까지 계속됐어요. 그 결과 6,000만 명에 달하는 사람이 목숨을 잃었습니다. 전쟁 역사상 처음으로 희생자의 대부분이 민간인이었으며, 600만 명으로 추정되는 유대인들이 **대학살(홀로코스트)** 때문에 생을 마감했어요. 이 전쟁 때문에 원자 폭탄처럼 끔찍한 **대량살상무기**가 인류 역사에 새롭게 등장하기도 했습니다.

제2차 세계 대전이 끝나갈 무렵인 1945년 8월, 미국은 일본의 히로시마(사진)와 나가사키에 원자 폭탄을 투하했다. 이런 방식으로 민간인의 목숨을 빼앗은 일이 정당화될 수 있는지에 관해 여전히 논란이 있다. 그러나 이 사건으로 전쟁이 금방 끝난 것은 사실이다. 원자 폭탄 사용을 지지하는 사람들은 기존 방식의 전쟁이 계속됐다면 더 많은 인명 피해가 발생했을 거라고 주장한다. 그리고 일본이나 독일도 원자 폭탄을 갖고 있었다면 연합국에 똑같은 행동을 했을 거라고 지적한다.

냉전

제2차 세계 대전 때문에 제국의 시대는 끝났습니다. 유럽의 여러 나라는 전쟁에 들인 비용이 워낙 많았기 때문에 크게 휘청거렸지요. 아울러 각 국가의 정치적 독립성이 보장되어야 한다는 사상이 팽배하면서, 과거에 식민지였던 인도와 아프리카 대륙의 여러 국가가 독립을 쟁취했습니다. 이때 생겨난 신생국들도 다른 국가들과 함께 새로 탄생한 국제기구인 국제연합에 가입했습니다.

전쟁이 끝난 뒤 기존 강대국들의 힘이 약해지면서 **공산주의** 국가인 **소련**과 **자본주의** 국가인 미국이 초강대국으로 부상했습니다. 이 두 국가는 각각 동맹국들을 등에 업고 냉전으로 불리는 팽팽한 대치 상태에 들어갔습니다. 이 대립이 냉전이라 불리는 이유는 양 진영이 무력 충돌을 벌이기보다는 주로 정치적, 외교적 갈등을 지속했기 때문이에요. 이 때문에 세계는 두 진영으로 나뉘어 첨예하게 대립했고, 사람들은 또 한 번의 세계 대전이 발생할까 봐 우려했습니다.

냉전은 한반도의 분단에도 영향을 미쳤습니다. 제2차 세계 대전 뒤 일본이 패전국 대열에 속하면서, 조선은 일본의 압제에서 벗어났습니다. 그러나 카이로 회담의 결과 미국과 소련이 북위 38도선을 기준으로 한반도를 나누어 관리하면서, 조선의 독립 정부를 세우려던 계획이 무산됐지요. 해방 후의 혼란스러운 정국에 이처럼 자본주의와 공산주의의 경쟁이 더해지면서 이념을 둘러싼 대립이 점차 확대된 거예요. 결국 1948년에 남한과 북한에서 각각 정부가 수립되면서 분단이 공식화됐습니다.

국가 간의 협력

1980년대 들어 당시 소련의 지도자였던 미하일 고르바초프는 적대국이었던 미국과 새로운 관계를 맺기 시작했습니다. 고르바초프는 개혁, 개방 정책을 추진해 소련과 동유럽 국가들에서 공산주의를 몰아내기도 했어요. 이처럼 공산주의 체제가 무너지면서 신생 국가들이 생겨났습니다. 한편, 이런 분위기 속에서 새로운 위기가 발생하거나 갈등이 깊어진 경우도 있어요. 유고슬라비아에서는 1990년대에 공산 정부가 무너지면서 다양한 민족 집단이 각자의 독립을 주장하기 시작했어요. 그 결과 계속되는 내전으로 큰 피해가 발생했고, 국가가 분열됐습니다.

냉전의 종식으로 인해 국제 관계는 더욱 복잡해졌어요. 세상은 더는 두 개의 진영으로 나뉘어 대치하지 않았고, 새로운 동맹 관계가 여기저기에서 등장했습니다. 그중에는 과거에 동맹 관계였던 집단이 더욱 긴밀히 협력하게 된 예도 있어요.

제2차 세계 대전이 끝난 뒤, 서유럽 국가들은 몇십 년에 걸친 노력

2002년, 유럽연합에 소속된 여러 국가가 자국의 통화를 유로화로 대체했다. 2013년 현재 17개국이 유로화를 공식 화폐로 사용하고 있다.

끝에 유럽경제공동체(EEC, European Economic Community)를 구성했어요. 두 번의 세계 대전이 국가 간의 상충하는 이해관계 때문에 발발했으므로, 이를 조율하려는 시도에서 탄생했지요. 이 기구는 발전을 거듭해 1993년에 유럽연합(EU, European Union)이 됐습니다. 하지만 유럽연합의 회원국이 점차 늘어나면서 다양한 회원국 간의 통합 속도와 그 정도를 두고 의견 충돌이 잦아지고 있습니다.

유럽연합이나 아프리카연합(AU, African Union)처럼 특정 지역을 대표하는 기구들은 국제 사회에서 회원국들의 이익을 대변합니다. 이처럼 하나의 조직으로 목소리를 내면 개별 국가가 목소리를 낼 때보다 해결하고자 하는 문제에 더 많은 관심을 집중시킬 수 있어요. 미국, 캐나다, 멕시코가 회원국인 북미자유무역협정처럼 무역 관계에 초점을 맞춘 협력 관계도 있습니다.

집중탐구 영국연방

영국연방(Commonwealth)은 전 세계에 회원국을 두고 있으며, 그 수가 53개국에 이른다. 그중에는 한때 대영 제국의 일부였던 국가도 있다. 빠르게 성장하는 민주 국가인 인도부터 태평양의 작은 섬나라인 투발루에 이르기까지 다양한 국가가 여기에 속한다. 영국연방에 속한 국가들은 역사와 가치관을 공유한다는 것 외에는 공통점이 거의 없다. 이들의 목표는 민주주의, 법치, 선정(good government), 사회 정의를 전파하는 것이다. 영국연방의 수장은 바로 엘리자베스 2세 영국 여왕이다.

권력의 불균형

한 국가는 보통 여러 개의 국제기구에 속해 있고, 각각의 기구로부터 다양한 방식으로 도움을 받습니다. 하지만 복수의 국가가 모여서 조직한 기구가 항상 지지를 받는 것은 아니에요. 예를 들어, 일부 유럽인들은 유럽연합이 개별 국가의 문제에 너무 많이 개입한다고 생각합니다. 또한, 선출 과정 없이 기구가 임명한 공무원에 의해서 결정되는 일이 많다는 점도 불만 요인이에요.

국제기구 내에서 상대적으로 힘이 강한 국가가 영향력을 지나치게 많이 행사할 가능성도 있습니다. 동남아시아국가연합은 아시아의 여러 국가로 이루어져 있지만, 중국과 일본은 속해 있지 않습니다. 두 경제 대국은 영향력을 너무 많이 행사할 것이라는 우려 때문에 제외됐지요.

1991년에 소련이 해체된 뒤 미국이 세계 유일의 초강대국으로 남았습니다. 미국은 세계에서 경제 규모가 제일 큰 국가이며, 가장 막강한 군사력을 자랑합니다. 이처럼 힘이 강하다는 이유로 미국에 '세계 경찰'의 역할을 기대하는 경우가 많지요. 실제로 미국은 전 세계적으로 일어나는 분쟁에 자주 개입합니다. 하지만 미국의 정책에 반대하는 국가들은 미국의 이런 행보를 곱지 않은 시선으로 바라봅니다.

간추려 보기

- 국가라는 개념은 오랜 기간에 걸쳐 형성되고 변화해 왔으며, 과거에는 제국이 다른 지역이나 국가를 흡수해서 다스리던 시기가 있었다.
- 세계 대전과 냉전 등을 거치며 국제 관계가 계속 개편됐지만, 아직도 여러 국가 사이에 힘의 불균형이 존재한다.

3
CHAPTER

국제 관계 속 분쟁과 갈등

세계 곳곳에서 벌어지는 무력 충돌이 항상 신문이나 텔레비전 뉴스에 보도되는 것은 아닙니다. 뉴스에 등장하지 않더라도 이런 분쟁은 여러 나라에 사는 수백만 명의 삶에 영향을 미칩니다. 그렇다면 왜 국제 사회가 모든 분쟁을 직접 해결하지 않는 걸까요?

정부의 주요 역할 중 하나는 국민을 보호하는 것입니다. 각국 지도자들은 국가를 안전하게 지키고자 노력하며, 다른 국가와의 갈등 없이 이 목표를 달성하기를 바라지요. 따라서 다른 나라와 관계를 맺을 때에도 이런 부분을 고려합니다. 하지만 전쟁이나 소규모 분쟁은 전 세계에서 시도 때도 없이 일어납니다. 20세기에 인류는 세계 대전을 겪으며 역사상 가장 파괴적인 전쟁에 두 차례나 시달렸어요(32쪽 참고).

세상에는 다양한 유형의 분쟁이 존재합니다. 일반적인 국가 간 전쟁 외에도, 러시아의 남서부에 있는 체첸 공화국의 경우처럼 사람들이 독립 국가를 세우고자 투쟁하는 경우도 있습니다. 또한, 2011년 북아프리카의 리비아 사태처럼 반란군이 정부를 전복시키려고 싸우는 경우도 있어요. 분쟁을 야기하는 주체도 다양합니다. 공개적으로 전쟁을 벌이는 군대도 있고, 상대적으로 작은 규모의 게릴라 집단도 있지요. 개인이나 집단이 민간인을 대상으로 테러를 벌이는 사례도 있습니다. 이처럼 다양한 주체가 세계 각지에서 벌이는 분쟁을 막거나 방지하기 위해서는 국제적인 협력이 필수적입니다.

집중탐구 안전보장이사회

안전보장이사회는 평화와 안보를 담당하기 위해 국제연합에서 설립한 기구다. 중국, 프랑스, 러시아, 영국, 미국이 상임이사국을 맡고 있으며, 2년 임기의 비상임이사국 10개국이 선출된다. 이 기구는 국제적인 쟁점을 논의하고, 전 세계의 분쟁을 방지하거나 중단시키는 일을 한다. 극단적인 상황에서는 문제를 일으킨 국가를 상대로 국제 사회가 **제재**나 군사 행동을 하도록 권고할 수 있다. 그러나 이러한 권고 조치는 예상보다 영향력이 적은 경우가 많다. 안전보장이사회는 특히 냉전 시대에 영향력의 한계를 드러냈는데, 전원일치제 때문에 상임이사국 중 한 국가라도 거부권을 행사하면 조처를 할 수 없기 때문이다. 이 기구가 제2차 세계 대전의 승전국을 중심으로 구성된 만큼, 이제는 시대에 맞게 변화해야 한다는 주장도 있다.

전쟁은 왜 일어날까요?

전쟁을 일으키는 주체는 일반적인 정치적 수단으로는 얻을 수 없는 것을 전쟁을 통해서 얻으려고 합니다. 전쟁은 비용이 많이 들고 사람들의 목숨을 앗아 가는 만큼, 전쟁을 일으키는 주체에게는 목표나 명분이 매우 중요합니다. 물론 국가가 위협을 받는다고 느낄 때 방어를 위해 전쟁을 일으킬 수도 있습니다. 하지만 대부분의 정치 지도자에게 전쟁을 선포하는 일은 매우 어려운 결정이에요. 민주 국가를 통치하는 지도자라면 자신을 뽑아 준 국민에게 전쟁의 정당성을 증명해야 합니다.

전문가 의견

전쟁은 정치의 연장이다. 그저 다른 종류의 수단이 동원될 뿐이다.
– 카를 폰 클라우제비츠 프로이센의 군사 전략가, 《전쟁론》 중에서

하지만 때로는 자국민의 안녕에 별로 관심이 없는 지도자가 전쟁을 일으키기도 합니다. 독일의 아돌프 히틀러나 이라크의 사담 후세인이 일으킨 전쟁이 이러한 예에 해당하지요. 이들은 개인적인 목적이나 신념을 달성하기 위해 국민들을 전쟁터로 내몰았어요. 하지만 이런 경우

안전보장이사회는 무력 충돌을 막기 위해 분쟁 지역에 평화 유지군을 파견한다. 이들은 일반 군대와 쉽게 구분되도록 파란색 헬멧을 쓴다.

는 매우 드물며, 이런 지도자들도 어느 정도는 국민의 지원을 받아야 합니다. 전쟁터에서 싸우는 사람들은 결국 국민이기 때문이에요.

정당한 전쟁이 과연 존재할까요?

국가나 정치 지도자가 전쟁을 일으키는 이유는 여러 가지입니다. 하지만 전쟁을 일으킬 만한 정당한 명분이 과연 존재할까요? 전쟁이 정당하고 옳은지 판단하는 방법은 전쟁이 벌어지지 않았다면 상황이 더 나빠졌을지 따져 보는 것입니다. 하지만 실제로 일어나지 않은 일을 짐작하기란 매우 어려워요. 제2차 세계 대전은 정당한 전쟁의 예로 꼽히는 경우가 많습니다. 당시 독일의 집권당이던 나치당이 홀로코스트를 통해 유대인 수백만 명을 학살했기 때문이에요. 그러나 나치가 자행한 여러 범죄는 전쟁 초반에는 예상되지 않았던 문제였습니다.

그렇다면 공격으로부터 자신을 보호하는 것은 정당하고 남을 공격하는 것은 정당하지 않을까요? 이 문제의 답은 생각만큼 명확하지 않습니다. 나중에 벌어질 더 큰 유혈 사태를 막을 수 있다면, 남을 공격하는 것도 옳은 행동일 수 있기 때문입니다. 하지만 불필요한 폭력을 초래한다면 방어적인 전쟁이더라도 정당하지 않을 우려가 있습니다. 예를 들어, 소수의 행동 때문에 국가 전체를 공격한다면 이는 정당한 전쟁이라고 보기 어렵겠지요.

전쟁의 규칙

국제연합의 헌법이라 할 수 있는 국제연합 헌장에 따르면 어떤 국가도 다른 국가를 상대로 무력을 행사해서는 안 됩니다. 외부의 공격으로부터 자국을 방어할 때와 안전보장이사회의 승인이 있을 때에만 예외가 인정됩니다. 하지만 전 세계적으로 적법한 전쟁의 정의에 맞지 않는 무력 충돌이 비일비재하지요.

전쟁을 치르는 방법에 관한 규칙도 정해져 있어요. 이 규칙은 제네바 협약(Geneva Conventions)이라고 불립니다. 이 중 첫 번째 조약은 부상을 입은 병사를 대우하는 방법에 관한 것으로 1864년에 통과됐습니다.

사담 후세인은 이라크 전쟁의 패배로 인해 권좌에서 쫓겨났다. 미군에 의해 체포된 후세인은 이라크 법원에서 반인륜적인 범죄를 저질렀다는 판결을 받아 2006년에 처형당했다.

> **사례탐구** 이라크 전쟁
>
> 미국과 영국은 2003년 3월에 이라크를 공격했다. 이라크가 대량살상무기로 다른 나라를 공격할 우려가 있다는 것이 전쟁의 명분이었다. 이를 두고 많은 논란이 일었으며, 전쟁의 적법성에 관해 의문이 제기됐다. UN 안전보장이사회는 이 전쟁을 승인하지 않았다. 미국과 영국의 지도자는 자기 방어를 위해 선제공격을 펼친 것이므로 전쟁이 정당하다고 주장했지만, 이는 국제연합이 정의하는 자기방어와는 사뭇 다른 상황이었다. 게다가 이라크에서는 대량살상무기가 발견되지 않았으며, 국제연합에서 구성한 무기 사찰단은 사찰을 위해 주어진 시간이 부족했다고 밝혔다. '이라크 보디카운트(www.iraqbodycount.org)'라는 웹사이트에 의하면 이라크 전쟁과 전후의 사회적 불안으로 목숨을 잃은 희생자의 수가 10만 명이 넘을 것으로 추정된다.

제네바 협약은 이 외에도 전쟁 포로를 대우하는 법과 전시에 민간인을 보호하는 법에 관한 내용을 다룹니다. 대부분 국가가 이 협약을 준수하는 데 동의했지만, 전쟁 중에는 그 내용이 항상 지켜지지는 않아요.

핵무기

냉전 시대에 사람들은 미국과 소련이 인류를 몰살할 수 있을 만큼 많은 **핵무기**를 갖고 있다고 생각했어요. 이 때문에 냉전 중에는 오히려 불안하게나마 평화가 유지됐습니다. '상호 확증 파괴', 즉 상대국을 파괴할 능력이 양측 모두에 있다는 생각 때문에 어느 쪽도 섣불리 공격을 하

> **전문가 의견**
>
> 저는 (대량살상무기에 관한) 정보가 잘못된 것이었다는 점에 대해서는 사과할 수 있습니다. 하지만 사담 후세인을 축출한 일에 대해서는 적어도 진심으로는 사과할 의향이 없습니다.
>
> — 토니 블레어 전 영국 총리, 2004년 연설문 중에서

지 못한 것이지요. 양측 모두 핵무기를 이용해서 적국을 공격했다가는 결국 공멸할 거라는 사실을 알고 있었어요. 적국이 조기 경보 시스템을 통해 공격 상황을 미리 알고 반격할 수 있으니까요.

냉전이 끝난 뒤에는 핵무기 보유국이 8개국 이상으로 늘어나면서 사정이 더 복잡해졌습니다(48쪽 지도 참고). 핵무기 보유국으로 공식 인정을 받은 국가는 미국, 영국, 프랑스, 중국, 러시아이며, 인도, 파키스탄, 이스라엘도 핵무기를 갖고 있는 것으로 여겨집니다. 이란과 북한은 핵무기를 이미 보유했거나 개발을 거의 끝낸 것으로 추정되며, 이 외에 다른 몇몇 국가들도 핵무기 개발 기술을 갖고 있습니다.

핵확산금지조약(Nuclear Non-Proliferation Treaty)은 1970년부터 시행됐습니다. 이 조약은 핵무기의 확산을 제한하고, 핵무기 보유국이 더 강력한 무기를 개발하지 않도록 감시하기 위해 체결됐어요. 그러나 이 조약은 핵무기를 이미 보유한 국가에 더 유리했습니다. 게다가 강대국들은 조약에 아랑곳하지 않고 새로운 무기를 계속 개발했지요. 핵무기가 없는 국가들 중에서도 핵무기를 개발해 자국을 보호할 권리가 있다고 주

사례탐구 **북한**

폐쇄적인 공산 국가인 북한은 2006년에 핵무기 실험을 했다고 발표했다. 이듬해에는 경제적 원조를 받는 조건으로 핵 프로그램을 폐기하는 데 동의했으나, 이는 일시적인 합의에 그쳤다. 북한은 2009년에는 국제원자력기구(IAEA, International Atomic Energy Agency)와의 협상에서 발을 빼고 핵실험을 한 차례 더 감행했다. 이 때문에 북한과 남한 간에는 긴장이 고조됐다. 북한이 이처럼 이웃 국가에 위협을 가하는 것도 문제지만, 자국민의 안녕보다 핵 개발에 더 힘쓰는 점도 문제다. 북한 국민 중 다수가 식량 부족으로 굶주림에 시달리기 때문이다.

현재 핵무기를 보유한 것으로 알려진 국가는 총 8개국이다. 핵무기 보유국이 많아질수록 핵사고의 위험성도 증가할 수밖에 없다.

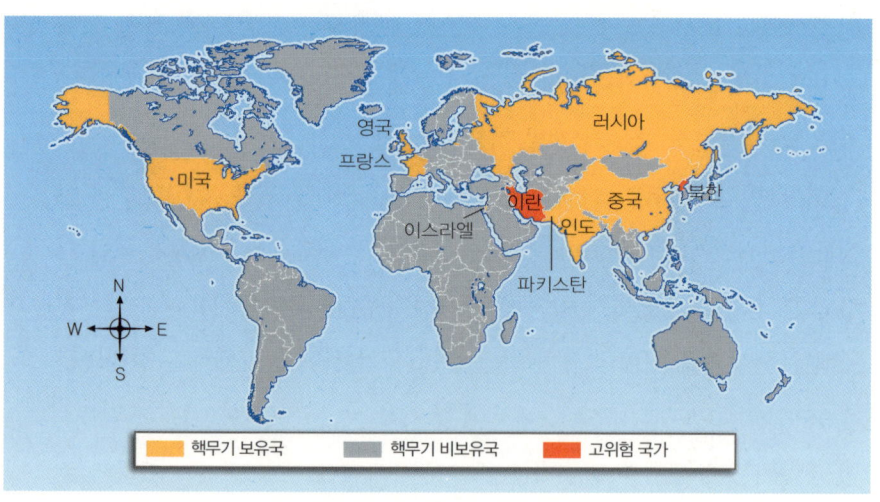

> **집중탐구** **국제원자력기구**
>
> 국제원자력기구(IAEA)는 원자력의 평화적 사용을 도모하기 위해 1957년에 설립됐다. 이 기구는 핵에너지 사용의 안전 기준을 마련하고, 원자력이 좋은 일에 사용되도록 각종 물자와 서비스를 제공한다. 또한 2011년 일본의 후쿠시마 원전 사고 같은 핵사고 관련 정보가 국제 사회에 정확하게 알려지도록 노력한다. IAEA는 원자력 발전소를 설치하는 척하면서 핵무기를 개발하는 국가가 없도록 감시하는 중요한 역할도 맡고 있다. 2005년에 IAEA와 당시 사무총장이었던 모하메드 엘바라데이는 노벨 평화상을 받았다.

장하는 국가들도 있었어요. 이러한 국가들은 강대국들이 핵무기의 확산을 막으려는 이유는 자신들의 기득권을 유지하기 위해서라고 지적했습니다.

생화학무기

생화학무기는 핵무기보다 생산하기 쉽고 비용도 저렴합니다. 하지만 그 영향력은 핵무기 못지않게 끔찍하지요. 이라크의 지도자였던 사담 후세인은 1988년에 할라브자 지역에 사는 쿠르드족을 상대로 화학무기를 사용해 약 5,000명을 죽였어요. 이런 무기를 금지하는 국제 협정이 엄연히 존재하지만, 실제로는 유명무실한 경우가 많지요.

한편, 강대국들이 무기 사찰단의 활동을 충분히 지지하지 않는다는 우려의 목소리도 높습니다. 일례로 이라크 전쟁 발발 전 국제연합 무기 사찰단은 이라크가 무기 사찰에 협조하고 있으며, 정확한 조사를 위해서는 충분한 시간이 필요하다고 보고했어요. 그러나 미국은 이러한 의견을 무시한 채 침공을 감행했습니다.

분쟁 개입하기

세계 곳곳에서 벌어지는 무력 충돌이 항상 신문이나 텔레비전 뉴스에 보도되는 것은 아닙니다. 뉴스에 등장하지 않더라도 이런 분쟁은 여러 나라에 사는 수백만 명의 삶에 영향을 미칩니다. 그렇다면 왜 국제 사회가 모든 분쟁을 직접 해결하지 않는 걸까요?

앞서 살펴본 것처럼 한 국가의 군사 행동은 자기 방어를 할 때나 안전보장이사회의 승인이 있을 때에만 합법적입니다(45쪽 참고). 하지만 때로는 약자들을 보호하기 위해 분쟁에 직접 개입해야 할 때도 있습니다. 이를 위해 국제연합 산하에는 회원국들이 파견한 부대로 구성한 평화 유지군이 있어요.

평화 유지군은 이름 그대로 평화를 유지하고 민간인을 보호하는 역할을 합니다. 평화 유지 활동 시에는 갈등을 빚는 당사자 중 어느 쪽의 편도 들지 않으며 분쟁에 직접 참여하지 않는 것이 원칙입니다. 평화 유지군이나 분쟁 피해자들이 위협을 받을 때만 제외하고요. 2011년에 UN 평화 유지군은 남유럽의 코소보에서 동남아시아의 동티모르에 이르기까지 세계 곳곳에서 15가지 임무를 수행했습니다. 한 임무에 100개국이 넘는 국가의 병력이 투입된 적도 있었어요.

사례탐구 국제연합의 리비아 개입

 2011년 초, 시위의 물결이 북아프리카를 휩쓸었다. 튀니지와 이집트에서 정부가 전복되자 리비아에서도 무아마르 카다피의 독재 정부를 상대로 한 시위가 시작됐다. 카다피의 군대는 탱크와 전투기를 동원해 시위자들을 공격했다. 결국 2011년 3월, UN 안전보장이사회는 민간인을 보호하기 위해 카다피 세력에 대한 공격을 승인했다.

 여러 나라로 구성된 연합군이 리비아에 폭격을 가하는 동안 시리아 정부 역시 시위자들을 무력으로 진압하고 있었다. 하지만 시리아는 세계 각지에 있는 여러 국가의 중요한 동맹국이었기 때문에 연합군이 개입하지 않았다. 이 경우 국제 사회는 불확실한 미래보다 기존의 체제가 낫다고 판단한 것이다. 설령 기존의 정부가 자국민을 공격하고 있더라도 말이다.

국제 사회의 도움으로 리비아 반군은 카다피 정부를 무너뜨리고 정권을 잡을 수 있었다.

개입에 따르는 위험

분쟁에 시달리는 국가에 외부의 개입은 도움이 될 수도 있지만, 예상치 못한 악영향을 줄 수도 있습니다. 게다가 다른 국가의 일에 무작정 끼어드는 것이 허용된다면 위험한 본보기가 될 수 있어요. 공격받는 국가의 국민을 돕는다는 명목으로 다른 국가를 공격할 수도 있으니까요. 과거에 나치가 정권을 잡았을 때의 독일처럼 공격적인 국가들은 이런 전략을 자주 이용했답니다.

설령 의도가 순수하다고 해도 도움을 받는 국가의 국민도 그렇게 생각할지는 알 수 없습니다. 예를 들어, 아랍 사람들은 미국과 유럽이 중동의 상황에 개입하는 것을 수상하게 여기는 경우가 많아요. 그들은 서양 국가들, 특히 미국이 이스라엘에 더 호의적이라고 생각하기 때문입니다. 이스라엘은 같은 아랍권에 위치한 다른 국가들의 이해관계와 상충할 때가 많습니다.

다른 국가의 일에 개입하면 불순한 의도가 있다는 의심을 받을 여지가 있습니다. 가장 대표적인 예로는 석유나 다른 귀중한 천연자원에 대한 통제권을 얻으려는 수작이라고 비난받을 수 있지요. 특정 국가가 정치적, 경제적 요충지를 장악할 수도 있다는 우려는 국가 간 힘의 균형을 무너뜨리거나 더 광범위한 분쟁을 일으킬 가능성도 있습니다.

아랍-이스라엘 분쟁

아랍과 이스라엘 간의 분쟁은 중동 지역에 끊임없는 긴장을 야기하고 있습니다. 이 분쟁이 걷잡을 수 없이 커진 이유는 이슬람교, 유대교, 기독교가 신성시하는 지역과 관련되어 있기 때문이에요. 분쟁의 발단은 유대인들이 팔레스타인에 정착한 19세기로 거슬러 올라갑니다. 이 땅은 수천 년 동안 유대교의 종교적 중심지였으며, 동시에 팔레스타인계 아랍인들의 고향이었습니다. 이 때문에 이 지역을 차지하기 위해 유대인과 팔레스타인 민족 간에 싸움이 벌어졌어요. 결국 국제연합이 개입해 1947년에 팔레스타인을 유대인 구역과 아랍인 구역으로 분할했습니다.

이듬해인 1948년, 이스라엘은 건국을 선언했습니다. 이때부터 이스라엘과 다른 아랍권 국가 간의 전쟁이 본격화됐어요. 1967년에 벌어진 제3차 중동전쟁의 결과, 이스라엘은 요르단으로부터 요르단 강 서안 지역인 웨스트 뱅크(West Bank)와 동예루살렘 지역을 빼앗았어요. 이후에도 전쟁은 한 차례 더 벌어졌고, 이스라엘은 이웃 국가들과 국경을 정하는 과정에서 생존을 위한 힘겨운 싸움을 해 왔습니다.

이스라엘이 다른 선택을 할 여지가 없다는 의견도 있습니다. 그 지역에서 가장 강한 세력을 지닌 이란을 비롯한 여러 아랍 국가가 이스라엘을 국가로 인정하지 않기 때문입니다. 서양 국가들, 특히 미국이 이스라엘을 지지하는 바람에 서양과 아랍권 사이의 관계가 나빠지기도 했어요. 한편, 팔레스타인 사람들은 고향을 찾는 과정에서 이스라엘에 이미 많은 것을 양보했다고 생각합니다. 이러한 상황에서 양국의 국민들이 상대국에 테러를 가하는 바람에 두 국가 간의 갈등은 더욱 증폭됐어요.

아랍과 이스라엘 간의 분쟁은 입장이 강경한 두 집단이 타협하기가 얼마나 어려운지를 보여 주는 사례입니다. 대화를 통해 문제를 해결할 수 있다고 주장하는 사람들도 있지만, 양측은 워낙 오래 갈등을 빚은 터

아랍-이스라엘 분쟁 해결의 장애물

문제	이스라엘의 관점	팔레스타인의 관점
국경	팔레스타인이 독립국이 되어도 1967년에 획득한 영토를 돌려줄 의향이 없다.	팔레스타인 독립국의 국경에 대한 논의는 1967년 이전의 국경에 바탕을 두어야 한다.
안보	이스라엘을 공격할 위험이 있는 무장 단체가 팔레스타인 신생 독립 국가를 통제해서는 안 된다.	평화를 보장하는 유일한 방법은 팔레스타인 독립국이 스스로 지도자를 선택하는 것이다.
난민	현재의 이스라엘 영토 내에 위치한 팔레스타인의 과거 영토에 팔레스타인 난민들을 수용할 의사가 없다.	난민들에게는 고향에 돌아갈 권리가 있지만 일부 사람은 땅 대신 경제적 보상을 받아들일 의향도 있다.
정착지	1967년에 점령한 동예루살렘과 웨스트 뱅크에 있는 정착지를 포기할 의향이 없다.	이스라엘은 팔레스타인에 정착지를 돌려주거나 다른 땅이라도 대신 보상해야 한다.
수도	동예루살렘을 포함하는 통합된 예루살렘이 이스라엘의 수도다.	팔레스타인의 수도는 동예루살렘이 되어야 한다. 이 도시에 이슬람교의 성지가 있기 때문이다.

라 신뢰나 타협의 의지가 별로 없습니다. 종교 과격주의자들의 개입도 사태를 악화시키는 요인이지요. 특히 이스라엘의 총리였던 이츠하크 라빈이 1995년에 유대인 과격주의자에 의해 살해됐을 때 이런 사실이 더욱 분명해졌어요. 라빈은 양측이 평화 협정을 맺는 데 큰 힘이 된 인물이었습니다.

테러리즘

아랍-이스라엘 분쟁으로 중동 지역에 긴장이 감돌면서 새로운 문제가 생겨났습니다. 무력을 통해 목표를 달성하려는 테러 단체들의 움직임이 활발해진 것입니다. 테러리즘은 정치적인 목표를 위해 민간인을

아랍-이스라엘 분쟁 과정에서 이스라엘과 팔레스타인은 상대국을 무자비하게 공격했다. 이 때문에 국제 사회의 비난이 일기도 했다.

상대로 폭력을 행사하거나 폭력을 행사하겠다고 위협하는 행위입니다. 일반적으로 테러 단체가 테러의 주체인 경우가 많지만, 국가나 개인이 테러를 자행하는 경우도 있어요.

테러리즘은 옛날부터 존재해 왔지만, 유독 21세기에 전 세계적으로 공포를 불러일으키고 있어요. 과거에는 사람들의 관심을 끌고 이를 통해 이득이나 권리를 얻는 것이 테러리스트들의 주된 목표였고, 테러 행위는 이를 달성하기 위한 수단이었습니다. 하지만 오늘날 알 카에다와 연관된 이슬람 테러 단체들의 목표는 테러 행위를 통해 민간인 사상자의 수를 최대한 늘리는 것입니다. 테러가 목표를 달성하기 위한 수단이 아닌 목표 그 자체로 변모한 것입니다. 그래서 사람들은 테러리스트들

인물탐구 아이만 알 자와히리

젊은 시절 의사 수련을 받던 아이만 알 자와히리(1951~)는 이집트의 무장 세력인 이집트 이슬라믹 지하드(Egyptian Islamic Jihad)의 일원이 됐다. 이 단체는 1981년에 당시 이집트 대통령이던 안와르 사다트를 암살했고, 이 사건에 연루된 자와히리는 3년 동안 감옥살이를 했다. 이 기간에 계속해서 고문을 당한 자와히리는 더욱 폭력적인 극단주의자가 됐다. 이후 자와히리는 1990년대에 이집트에서 테러 단체를 이끈 뒤 아프가니스탄으로 건너가 오사마 빈 라덴과 동맹을 맺었다. 그 뒤 빈 라덴의 오른팔로서 단체의 2인자가 됐고, 알 카에다의 사상적 토대를 형성하는 핵심적인 역할을 했다. 2011년에 미군이 빈 라덴을 사살하자 아이만 알 자와히리가 알 카에다의 지도자로 부상했다.

이 대량살상무기를 손에 넣을까 봐 우려합니다.

2001년에 일어난 9·11 테러 이후 미국은 테러리스트를 추적하는 데 군사력을 아끼지 않았습니다. 그러나 그 뒤에도 세계 각지에서 테러 집단의 공격은 계속됐습니다. 이 때문에 무고한 시민들이 목숨을 잃고 많은 피해자가 발생했습니다. 이에 각국 지도자들은 테러에 대처하기 위해 다방면으로 노력하고 있어요.

테러리즘에 대항하기

정부는 테러리즘에 맞서 싸우는 과정에서 여러 가지 윤리적인 문제

2004년, 스페인 마드리드에서 출근길 시민을 상대로 한 테러가 벌어졌다. 이 사건은 사흘 후 시행된 총선에 영향을 미쳤다. 일부 유권자는 스페인이 미국의 이라크 침공 결정을 지지했기 때문에 공격의 표적이 됐다고 생각했다.

3. 국제 관계 속 분쟁과 갈등 | 57

에 직면합니다. 테러리스트는 공격을 계획할 때 어떤 규칙도 따르지 않지만, 정부는 이들을 추적할 때 국내법과 국제법을 준수해야 하지요. 또한, 테러리스트를 체포하기 위한 법을 통과시키는 일과 일반인들의 권리를 보호하는 일 사이에서 균형을 유지해야 합니다. 테러리스트를 잡는 과정에서 무고한 사람들이 누명을 쓸 수도 있고, 선량한 시민이 피해를 당할 수도 있기 때문이에요.

한편, 테러리스트들에게도 공정하게 처우를 받을 권리가 존재합니다. 2001년 이후 미국과 그 동맹국들은 '테러와의 전쟁'을 벌였습니다. 이 과정에서 테러 용의자들이 일반 범죄자나 전쟁 포로에게 주어지는 권리를 박탈당했다는 혐의가 제기됐어요(92쪽 참고). 이처럼 테러리즘에 대항하기 위한 적절한 방법을 두고 다양한 논쟁이 벌어지기도 합니다.

알아두기

테러리스트를 쉽게 체포하기 위해 만든 법은 우리 모두에게 영향을 미친다. 이제는 정부가 전화 통화와 이메일은 물론, 테러 용의자가 도서관에서 빌린 책까지 합법적으로 감시할 수 있게 됐다. 이렇듯 안보를 위해 사생활을 침해 당해도 괜찮은지는 우리 모두가 생각해 봐야 할 문제이다.

간추려 보기

- 개인이나 집단, 국가는 원하는 목표를 달성하기 위해 전쟁을 일으킨다.
- 전쟁에도 지켜야 할 규칙이 있으며, 제네바 협약이 대표적인 예다. 국제 사회는 국제연합을 필두로 국가 간 분쟁에 개입해 피해를 최소화하고자 한다.
- 최근에는 테러리즘이 국제적 문제로 떠오르고 있으며, 이에 대처하는 방법을 두고 여러 쟁점이 제기되고 있다.

4
CHAPTER

국가 간 빈부 격차, 어떻게 해결할까요?

한 국가만의 노력으로는 전 세계적인 빈곤 문제를 해결할 수 없습니다. 따라서 이 문제를 해결하기 위해서는 여러 국가가 협력해야 합니다.

산업화와 제국주의 같은 역사적 변화의 결과 각 국가 간 경제 발전 속도의 차이가 벌어졌습니다. 이 때문에 전 세계적으로 경제적 불평등이 심화됐어요. **선진국** 대부분이 위치한 북반구의 국가들은 남반구의 국가들보다 부유합니다. 세계은행에 따르면 전 세계적으로 약 25억 명의 사람들이 하루에 2달러(약 2천 원)도 안 되는 돈으로 살아갑니다. 그만큼 가난한 국가와 가난한 사람들이 많다는 뜻입니다.

불평등한 세계

세계는 발전 정도에 따라 크게 선진국(또는 선진 공업국)과 **개발도상국**(또는 후진국, 신흥 공업국)으로 나뉩니다. 하지만 개발도상국이 발전을 통해 선진국이 되는 경우도 있어요. 우리나라와 중국 같은 신흥 공업국은 경제 성장을 거듭해 빠르게 가난에서 벗어났지요. 이는 전 세계적으로 상품을 수출할 수 있는 산업을 개발한 덕분입니다. 선진국이 자본을 투자하는 방식으로 원조한 것도 도움이 됐지요. 대부분의 개발도상국은 선진국 대열에 합류하기 위해 경제적인 성장과 더불어 정치적, 문화적 발전을 꾀하고 있습니다.

하지만 매우 가난한 개발도상국들, 특히 아프리카 국가들은 아직도 경제적으로 큰 어려움을 겪고 있어요. 이러한 국가들은 자본과 산업 시설, 고급 인력이 부족하므로 경제 성장이 더딜 수밖에 없습니다. 설령 가난한 국가들이 상품을 생산한다 해도, 이를 선진국에 수출할 기회는 많지 않아요. 그 이유는 여러 국가가 관세를 부과하거나 할당량을 설정하는 식으로 수입 상품의 총량에 제한을 두기 때문입니다. 선진국들이 이런 조치를 취하는 것은 자국의 농민들을 보호하기 위해서입니다.

국제 무역의 규모가 커지고 통신 수단이 발달하면서 국가 간의 빈부 격차가 더 심해졌습니다. 다국적 기업이 노동 임금이 싼 국가에 공장을

▌선진국의 소비자가 찻값으로 내는 금액 중 아주 적은 몫만이 아프리카의 농민들에게 돌아간다.

두고 상품을 만들 수 있게 됐기 때문이에요. 하지만 이런 상품으로 벌어들인 돈 대부분은 회사의 본부가 위치한 선진국이 가져갑니다.

한 국가만의 노력으로는 전 세계적인 빈곤 문제를 해결할 수 없습니다. 따라서 이 문제를 해결하기 위해서는 여러 국가가 협력해야 합니다. 하지만 각국 정부는 문제 해결 과정에서 자국민의 이익에 들어맞는 방식으로 행동할 가능성이 큽니다. 그렇지 않으면 국민이 선출된 정부를 물러나게 할 것이기 때문이에요. 그러나 여러 나라가 각자의 입장만 내세우면 국제 사회가 직면한 심각한 문제들을 해결하기가 어려워져요. 국가 간의 관계가 더 평등해지고 돈독해져야 문제 해결의 실마리를 찾을 수 있답니다.

국제 원조

세계은행과 국제통화기금(IMF, International Monetary Fund)은 국제연합과 연계된 조직으로, 각국 정부로부터 금전적인 지원을 받습니다. 이 두 기관은 형편이 어려운 국가에 자금을 제공하는데, 이를 받기 위해서는 일정한 조건을 충족해야 합니다. 이런 조건 때문에 지원금을 받는 국가가 오히려 발전하기 어려워진다는 주장도 있어요. 조건 중에는 경제를 개방하는 것도 포함될 수 있는데, 수출 경쟁력이 없는 국가가 섣불리 경제를 개방하면 선진국에 지나치게 의존하게 되기 때문입니다.

실제로 개발도상국의 발전이 더딘 주요 원인 중 하나는 부유한 국가에서 빌린 돈을 갚아야 하기 때문입니다. 2005년에 몇몇 부유한 국가들은 가난한 국가들의 빚을 탕감해 주기로 했어요. 이는 매우 긍정적인

> **집중탐구** **세계무역기구**
>
> 150개국이 넘는 회원국을 둔 세계무역기구(WTO, World Trade Organization)는 여러 국가가 모여 무역에 관한 쟁점을 논의하는 기구다. WTO는 국제 무역의 규칙을 정하는 역할을 맡고 있다. 이 기구의 목표는 각 국가와 사업체가 상품을 전 세계에 판매할 수 있도록 장애물을 제거하는 것이다. 아울러 WTO는 교역이나 경제 활동과 관련해 규칙을 어기는 국가를 제재하는 역할도 수행한다.
>
> WTO를 비판하는 사람들은 이 기구가 강대국과 대규모 기업체에 유리한 정책을 편다고 지적한다. 자유 무역 체제 덕분에 부유한 국가들만 배를 불렸기 때문이다. 또한, 해외에 판매 가능한 자원이 상대적으로 부족한 최빈국들에는 이 기구가 도움이 되지 못한다는 의견이 많다.

시도이기는 했지만, 지구 상에서 빈곤을 완전히 몰아내기에는 역부족이었습니다.

구호 단체의 역할

세상이 더 평등해진다면 가난한 국가가 무역을 통해 경제적으로 성장할 수 있을 겁니다. 하지만 국가 간에 빈부 격차가 있는 현재 상황에서는 무역보다 원조가 더 효과적인 수단이에요. 원조를 통해 사람들을 극심한 가난에서 구제하고, 홍수나 기근 같은 재해를 극복하도록 도울 수 있습니다. 자선 단체 등의 비정부 기구(NGO, Non-Governmental

Organization)는 재해가 발생했을 때 이를 신속하게 해결하기 위해 노력합니다. 또한, 장기적으로 관심을 기울여야 하는 문제나 미래에 발생할 문제에 대비해 가난한 국가에 자금을 제공하기도 해요.

가난한 나라의 사람들은 자연재해나 빈곤 외에도 많은 어려움을 겪습니다. 일례로 가난한 국가에 사는 사람들은 부유한 국가의 국민보다 분쟁의 영향을 받을 가능성이 높습니다. 사회가 혼란스럽거나 불안정하게 유지되는 경우가 많기 때문입니다. 아프리카에 에이즈가 퍼지는 것도 큰 문제입니다. 이 병 때문에 성인 인구의 상당수가 가족을 부양할 수 없게 되고, 이미 부족한 의료 자원이 더 부족해지기 때문이에요.

구호 단체는 개별 국가보다 원조를 제공하기가 쉽습니다. 정치적 의도로 접근할 가능성이 낮으므로 가난한 국가들의 신뢰를 얻기가 더 쉽기 때문이에요. 대체로 큰 자연재해를 입은 국가들이 구호 단체의 도움을 필요로 합니다. 하지만 분쟁으로 분열된 국가에 재해가 닥쳤을 때에는 구호 단체가 양측 모두로부터 환영받지 못한 채 개입하기도 합니다.

원조는 크게 식량이나 의료 서비스를 제공하는 단기적인 구호 활동과 시설을 지어 주거나 교육을 제공하는 장기적인 개발 프로젝트로 나뉩니다. 단기적인 구호 활동도 어려운 사람들에게 큰 힘이 되지만, 가장 좋은 원조는 가난한 나라들이 자립할 수 있도록 장기적인 관점에서 각종 설비와 교육을 지원하는 것입니다. 그러나 원조의 필요성이 완전히 사라지려면 국제 사회 내의 여러 가지 불균형이 개선되어야 합니다.

집중탐구 유니세프

유니세프(UNICEF, United Nations International Children's Emergency Fund)는 제2차 세계 대전 이후 국제연합에 의해 설립됐다. 전쟁으로 폐허가 된 유럽의 아이들에게 식량과 의료 혜택을 제공하기 위해서였다. 유니세프의 역할은 곧 전 세계의 아이들을 보호하고 UN 아동권리협약이 지켜지도록 노력하는 것으로 확대됐다. 이 기구는 200여 개에 달하는 국가에서 활동하며, 분쟁이나 학대로부터 아이들을 보호하는 일부터 건강, 영양 상태를 개선하고 교육을 장려하는 일에 이르기까지 다양한 임무를 담당한다. 일례로 2005년에 유니세프는 에이즈에 걸린 어린이 250만 명을 위한 캠페인을 시작했다. 유니세프 한국위원회에서도 후원자를 모집하고 다양한 방법으로 기금을 마련해 전 세계의 아이들을 위한 구호 활동을 펼치고 있다.

알아두기

개개인의 노력이 모이면 지구에서 빈곤을 몰아내는 데 도움이 될 수 있다. 이를 위해 돈을 기부하거나 구호 물품을 모을 수도 있고, 생활 방식을 약간 바꿔서 윤리적인 소비자가 될 수도 있다. 운동용품에서 가전제품에 이르기까지 각종 상품의 제조업체들은 개발도상국에 공장을 둔 경우가 많다. 때때로 이런 공장에서 일하는 노동자들은 대우도 제대로 못 받고 매우 적은 임금을 받는다. 따라서 물건을 사기 전에 해당 제조업체의 윤리 정책을 알아보는 것이 좋다. 공정 무역 상품은 커피, 차, 초콜릿, 바나나와 같은 상품의 생산자들이 정당한 대가를 받았음을 보증하는 상품이다. 가격이 조금 더 비싸더라도 공정 무역 상품을 선택하면 가난한 지역의 노동자들을 도울 수 있다.

이 학교는 국제 구호 단체가 분쟁 지역의 피해자들을 돕기 위해 아프리카의 모잠비크에 세운 학교이다. 아이들이 교육을 통해 자기 자신과 지역 사회를 가난에서 구제하기를 바라는 마음에서 설립됐다.

이주와 이민

가난에서 벗어나는 방법 중 한 가지는 임금이 높은 일자리를 찾아 거주지를 옮기고 그곳에서 일하는 것입니다. 이처럼 영구적으로 거주지를 옮기는 행위를 '이주'라고 부릅니다. 현재 전 세계적으로 2억 명이 넘는 사람이 출생지가 아닌 지역에서 살고 있어요. 그중에는 전쟁이나 박해를 피해 도망친 **난민**도 있지만, 대부분은 자신이나 가족의 일자리를 찾아 거주지를 옮긴 사람들입니다.

사람들이 출생한 국가를 떠나 새로운 국가로 이주하는 행위인 이민은 국제 관계에 상당한 긴장을 야기합니다. 자국 내에서는 거주지를 자유롭게 옮길 수 있지만, 국적을 옮길 때는 대체로 제한이 따릅니다. 이민 가려는 국가의 기존 거주민들이 이민자들에게 적대적인 경우도 많아요. 이민자들이 적은 돈을 받고 일하면서 자국민의 일자리를 뺏는다고 생각하기 때문입니다. 아울러 외국 이민자들이 늘어나면 전통문화가 훼손될까 봐 우려하는 사람도 있습니다.

정치인들은 여론에 귀를 기울이는 동시에 이민 인구의 유입으로 인한 이득도 고려해야 합니다. 이민자들 덕분에 꼭 필요한 기술이 유입되는 때도 있어요. 게다가 이민자들은 자국의 노동자들이 꺼리는 일을 마다치 않는 경우가 많습니다. 이민자들이 상점과 학교를 이용함으로써 일자리를 창출하기도 하며, 납세를 통해 공공 서비스 비용을 감당하는 것을 돕기도 합니다. 영국, 오스트레일리아, 미국의 예처럼 이민이 국가의 문화를 형성하는 데 도움이 되는 경우도 있어요.

알아두기

미국과 멕시코 사이의 국경은 선진국과 개발도상국 사이에 있는 육로로 된 국경 중에서 가장 길다. 매년 수백만 명의 멕시코인이 미국에서 일하기 위해 이 국경을 건넌다. 그중에는 합법적인 이민자도 있지만, 불법 이민자도 많다. 미국에 사는 멕시코 출신 불법 이민자는 약 1,100만 명 정도로 추정된다. 이 때문에 미국에서는 불법 이민을 근절해야 한다는 목소리가 높으며, 실제로 국경 근처의 보안이 강화되기도 했다. 그러나 미국에서 더 나은 삶을 살 수 있다고 믿는 한, 멕시코인들은 사막이나 리오그란데강을 건너는 위험을 계속 감수할 것이다.

멕시코 출신의 불법 이민자들은 험한 사막을 며칠 동안 걸어서 국경을 넘는다. 이 과정에서 많은 사람이 목숨을 잃는다.

이민은 이민자들이 떠난 국가에도 득이 될 수 있습니다. 이민자들이 조국에 남아 있는 가족에게 돈을 보내는 경우가 많기 때문이에요. 게다가 기술이 발달한 선진국으로 이민을 간 사람들은 유용한 기술을 배워서 조국에 들여오기도 합니다.

이민으로 인한 갈등

이민자들은 이민 가는 국가의 기존 국민과 동등한 대접을 받지 못하는 경우가 많아요. 경제적으로 어려운 시기에는 부당하게 비난을 받기도 하지요. 또한, 언론은 이민자들이 복지 혜택을 주장한다며 부정적인 내용에 초점을 맞추기도 합니다. 해당 국가의 국민도 마음이 편치 않습니다. 이민자들이 늘어나면 이들의 삶도 크게 바뀔 수 있기 때문이에요.

국가 간의 빈부 격차가 이민을 야기했다고 보는 관점도 있습니다. 사람들이 조국에서 돈을 벌고 안전하게 살 수 있다면, 부유한 국가에서 일하기 위해 험난한 여정을 떠날 필요가 없기 때문이지요.

간추려 보기

- 여러 국가 사이에는 빈부 격차가 존재하며, 이 때문에 다양한 문제들이 파생된다.
- 국제연합과 자선 단체, 비정부 기구는 상황이 어려운 국가를 돕기 위해 다방면으로 노력한다.
- 사람들은 부유한 국가에 가서 돈을 더 많이 벌기 위해 이민을 선택하기도 한다. 이민은 긍정적인 측면과 부정적인 측면을 모두 갖고 있다.

5
CHAPTER

자원과 환경 문제

식량 공급이나 자원 보존에 관한 다양한 환경 문제는 지금도 중요하지만, 다음 세대에게는 중요성이 더욱 커질 것입니다. 정치인들은 자신의 결정이 다른 국가에 미치는 영향뿐만 아니라 다음 세대에게 미칠 영향도 고려해야 합니다.

지구와 대기가 없다면 인간도 존재할 수 없습니다. 우리가 살고 있는 지구를 보호하기 위해서는 전 인류의 관심과 노력이 필요하지요. 그래서 국제 관계가 자원과 환경 문제에 영향을 미치기도 합니다. 특히 인류가 살아가는 데 꼭 필요한 천연자원은 한정되어 있기 때문에, 이를 획득하고 사용하는 문제와 관련해 국제적으로 많은 분쟁이 발생합니다.

식량과 물

누구나 음식 없이는 살 수 없습니다. 하지만 세계은행에 의하면 전 세계적으로 10억 명에 달하는 사람이 굶주림에 시달리고 있어요. 2010년 말에 식량 가격은 사상 최고치를 기록했어요. 날씨를 비롯해 수확에 영향을 미치는 여러 가지 요소 때문이었습니다. 여기에 농작물에 대한 수요의 증가도 한몫했습니다. 세계 인구가 꾸준히 늘어나면서 식량에 대한 수요가 증가했기 때문이에요.

식량 가격이 오르면 선진국보다는 개발도상국에 사는 사람들이 영향을 더 많이 받습니다. 개발도상국 국민들은 그들의 수입 대부분을 식량

이 사진은 홍콩의 어느 붐비는 도로를 촬영한 것이다. 세계 인구는 2050년경에 90억 명에 달할 것이며, 특히 아시아와 아프리카의 인구가 많이 늘어날 것으로 예상된다.

구매를 위해 쓰기 때문이에요. 따라서 가난한 국가에서는 식량의 가격에 따라 끼니를 때울 수도 있고, 굶어야 할 수도 있어요.

원조 단체들은 선진국이 개발도상국에 식량 원조비를 지원하는 일에는 몸을 사린다고 지적합니다. 다른 나라를 돕는 일보다는 자국의 농민들에게 보조금을 지급하는 일에 더 신경을 쓰기 때문이라는 비판도 있지요. 이처럼 국제 관계에서는 자국민을 우선시하는 각 국가와 국제 사

> **알아두기**
>
> 물가 상승은 우리 모두에게 영향을 미친다. 특히 식량은 인간에게 필수적인 만큼, 식량 가격이 오르면 그 파장은 클 수밖에 없다. 또한, 유가가 상승하면 우리가 구매하는 다른 물건들의 가격도 오를 수 있다. 석유는 상품의 운반 과정에 사용될 뿐만 아니라 제조 과정에 직접 사용되기 때문이다. 물론 유가는 교통비에도 영향을 끼친다.

회라는 더 넓은 차원 간의 이익이 상충하는 경우가 종종 있어요. 그러나 국제 관계가 복잡해질수록 각국의 이익과 국제적 책임 사이의 균형을 유지하는 일이 더욱 중요해질 것입니다.

석유

최근 들어 식량 가격이 오른 이유는 일부 농작물이 바이오 연료를 생산하는 데 쓰이기 때문입니다. 바이오 연료는 곡물이나 식물 등을 열분해하거나 발효시켜 얻는 연료로, 재생이 가능해서 석유를 대체할 수 있는 에너지원입니다.

석유는 자동차의 동력원으로 가장 많이 쓰이지만, 그 외에도 플라스틱의 원료가 되는 등 쓰임새가 다양합니다. 하지만 석유는 지하에서 수백만 년에 걸쳐 자연적으로 생성되며, 재생할 수 없는 자원이라 한 번 쓰고 나면 다시 사용할 수 없습니다. 따라서 시간이 갈수록 지하에서 석유를 추출하는 일은 더욱 어려워지고 비용도 많이 들게 되지요.

세계에서 석유 매장량이 가장 많은 국가는 사우디아라비아와 이란을 비롯한 페르시아만 근처의 국가들입니다. 석유를 보유한 국가는 국제 관계에서 막강한 힘을 가질 수 있어요. 다른 국가들이 석유를 얻기 위해 이들과 협상해야 하기 때문입니다. 한편, 석유를 가장 많이 쓰는 국가는 미국 등의 선진 공업국과 중국처럼 빠른 속도로 공업화를 이루고 있는 국가들입니다. 석유를 수입해야 하는 선진국들이 석유가 많은 나라와 그렇지 않은 나라를 차별적으로 대할 가능성도 있습니다.

기후 변화

국제 사회가 직면한 가장 심각한 환경 문제는 바로 기후 변화 문제입니다. 대부분의 기후 전문가들은 인간의 활동 때문에 지구 온도가 상승한다고 생각합니다. 특히 석유와 석탄을 태우는 과정에서 배출되는 이산화탄소가 기후 변화를 일으키는 온실가스의 대표적인 예에요. 여기서 말하는 기후 전문가에는 기후 변화에 관한 정부 간 협의체(IPCC, Intergovernmental Panel on Climate Change)도 포함됩니다. 이 기구는 여러 국가에 기후 변화에 관한 정보를 제공하기 위해 1988년에 설립됐어요.

지구 온난화는 전 세계에 영향을 미칩니다. 하지만 그 영향의 정도와 퍼져 나가는 속도는 지역에 따라 다릅니다. 기온이 올라서 지표면에서 사막의 면적이 넓어지면 가난한 국가들이 가뭄과 기근에 시달릴 가능성이 높아집니다. 이처럼 기후 변화 때문에 사막화가 계속되면 점점 늘어나는 인류의 식량 수요를 감당하지 못할 수도 있어요. 지구의 온도가 높아지면서 극지방의 빙하가 녹아서 해수면이 상승하는 것도 심각한 문제입니다. 저지대 국가들과 런던이나 뉴욕 등 해안 근처 도시에 거주하는 수백만 명의 사람들이 위험에 빠질 수 있기 때문이에요.

 기후 변화가 이처럼 엄청난 위협을 초래하는 데도 국제 사회의 대처는 느린 편입니다. 190여 개의 국가는 1997년에야 비로소 교토 의정서에 합의했어요. 이 의정서에는 38개 선진국이 1990년을 기준으로 2012년까지 온실가스의 양을 평균 5.2퍼센트 감축해야 한다는 내용이 담겨 있었습니다. 다른 나라들도 각각의 발전 정도에 따라 감축 목표를 설정했어요. 하지만 당시 미국 대통령이었던 조지 부시는 의정서에 명시된 사항을 따르지 않겠다고 발을 뺐어요. 이처럼 미국이나 중국처럼 이산화탄

바람은 지속 가능한 대체 에너지원이다. 하지만 모든 국가가 풍력 자원의 혜택을 누리지는 못한다. 지역마다 바람의 세기가 다르기 때문이다.

소 배출량이 많은 국가들이 기후 변화에 맞서 싸울 의향이 없다면, 환경 문제 해결을 위한 국제 사회의 노력이 성과를 내기가 힘들어집니다.

선진국 대 개발도상국

2009년, 193개 국가는 덴마크 코펜하겐에 모여 기후 변화에 대처하는 방안을 논의했습니다. 그 결과 지구의 기온 상승을 제한하기 위해 서로 협력하고, 2020년까지 온실가스 감축 목표를 제시한다는 내용의 협정이 마련됐습니다. 그러나 온실가스의 양을 줄이기 위한 구체적인 방침을 정하는 데에는 실패했습니다.

이와 관련해 가장 큰 쟁점은 국가별로 온실가스의 양을 얼마나 줄여야 하는지 결정하는 것입니다. 지금까지 발생한 기후 변화는 선진국들이 18세기에 **산업화**를 시작하면서 초래됐다는 의견이 많습니다. 따라서 최근에서야 산업화를 시작한 개발도상국들은 선진국들이 온실가스의 양을 줄이기 위해 더 많은 책임을 져야 한다고 생각하지요.

이처럼 국제적으로 합의된 사항이 없다 보니 여러 국가가 자체적으로 온실가스를 줄이려는 조치를 취하고 있습니다. 심지어 온실가스의 양이 급격하게 늘어난 중국마저도 태양 에너지 등의 재생 가능한 에너지원에 가장 많이 투자하는 국가 중 하나로 떠올랐어요.

원자력은 가장 논란이 많은 대체 에너지원입니다. 핵연료에서 위험한 방사선이 방출되기 때문이에요. 게다가 핵사고가 발생하면 사고 지점에서 멀리 떨어진 국가도 피해를 입을 수 있어요. 이를 막기 위해 설립된 국제원자력기구는 전 세계의 핵에너지를 감시합니다. 사고가 발

그린피스는 1971년에 환경 보호 운동가들이 설립한 압력 단체로 현재 여러 국가에서 활동 중이다. 이 단체는 정치권에 압력을 가하거나 소비자 캠페인을 벌임으로써 기후 변화와 같은 환경 관련 쟁점에 대한 인식을 높이고 사람들의 행동을 변화시키려고 노력한다.

생하면 한 국가의 에너지 정책이 다른 여러 국가에 영향을 끼칠 수 있기 때문입니다.

환경오염

국제 사회는 기후 변화뿐만 아니라 오존층 파괴나 해양 오염 등 다른 환경 문제에도 대처해야 합니다. 가스로 이루어진 오존층은 태양에서 나오는 방사선으로부터 지구를 보호하는 중요한 역할을 합니다. 그런데 1980년대에 남극 대륙 위 오존층에서 구멍이 발견됐습니다. 헤어스프레이 용기로 사용되는 **에어로졸** 캔과 냉장고의 재료가 되는 화학 물질이 원인이었어요. 결국 1987년에 국제 사회는 이런 화학 물질을 더는

쓰지 않기로 합의하는 내용의 몬트리올 의정서에 서명했습니다.

오염 물질은 바다를 통해서도 세계 각지를 돌아다닙니다. 이런 오염 물질은 배에서 버린 쓰레기일 수도 있고, 육지에서 바람에 실려 오거나 떠내려 온 것일 수도 있어요. 연안이 아닌 대양은 특정한 국가의 영토에 포함되지 않습니다. 그래서 국제해사기구(IMO, International Maritime Organization) 같은 국제적인 조직은 환경오염을 막기 위해 책임을 다합니다. 하지만 오염 물질을 버리는 배에 벌금을 물리는 것만으로는 바다에 쌓여 가는 엄청난 양의 폐기물을 처리하기에 역부족입니다.

생물다양성

생물다양성, 다시 말해 여러 환경에 거주하는 생물 형태의 조합을 보호하는 일은 매우 중요합니다. 자연계에 다양한 생물들이 존재하는 덕분에 인류도 생존할 수 있기 때문이에요. 생물 종이 점점 멸종되면 연약한 생태계가 쉽게 파괴될 우려가 있습니다. 1992년 이래로 대부분 국가는 생물다양성협약(Convention on Biological Diversity)에 서명했으며, 자국의 생물다양성을 유지하기 위해 노력하고 있습니다.

그러나 앞서 살펴본 것처럼 각국 정부가 국제 관계에 영향을 미치는 유일한 요소는 아닙니다. 다국적 광업 또는 정유 기업은 여러 국가에서 사업을 진행하는 만큼, 세계의 환경 문제에도 영향을 미칩니다. 이런 기업이 책임감 없이 행동할 경우 약소국이나 개발도상국의 정부는 이들의 행동을 통제하기 어려울 수도 있어요. 게다가 많은 나라가 이런 다국적 사업체와 이에 딸려 오는 일자리를 유치하는 데 열을 올리기 때문에

남극은 국제 사회가 석유 채굴이나 광물 탐사를 하지 않기로 합의한 유일한 대륙이다. 1989년, 각국은 남극 대륙을 50년 동안 개발하지 않고 보호하기로 한 내용의 마드리드 의정서에 합의했다.

이를 규제하기가 더욱 어렵습니다. 따라서 정부뿐만 아니라 기업들도 자연 보전과 생물다양성 문제에 관심을 두고 책임감 있게 행동해야 합니다.

다음 세대

식량 공급이나 자원 보존에 관한 다양한 환경 문제는 지금도 중요하지만, 다음 세대에게는 중요성이 더욱 커질 것입니다. 정치인들은 자신의 결정이 다른 국가에 미치는 영향뿐만 아니라 다음 세대에게 미칠 영향도 고려해야 합니다. 예를 들어, 연료에 높은 세금을 부과하면 지금은 비난을 받을 수도 있지만, 사람들이 석유 사용을 자제하게 되므로 미래에 온실가스의 양이 줄어들 수도 있어요. 따라서 자원 문제와 환경 문제를 해결하기 위해서는 장기적인 관점에서 접근해야 합니다.

> **사례탐구** 아마존 보호하기
>
> 열대 우림은 산소를 배출해 지구의 공기를 정화하기 때문에 '지구의 허파'로 묘사된다. 특히 아마존의 열대 우림은 세계에서 가장 귀중한 지역 중 하나이며, 지구 상 열대 우림의 절반을 차지할 정도로 규모가 크다. 또한 아마존에는 전 세계 식물 종의 약 75퍼센트가 살고 있다. 하지만 사람들이 이 지역에 다양한 가축을 방목하는 바람에 환경이 파괴되기 시작했다.
>
> 열대 우림이 있는 국가들은 2011년에 콩고의 수도 브라자빌에 모여서 열대 우림의 미래를 논의했다. 이들은 열대 우림을 보존하기 위해 국제 사회가 더 많은 기금을 지원해야 한다고 주장했다. 전 세계가 열대 우림의 혜택을 누리는 만큼 소수의 국가만 보존 비용을 부담해서는 안 된다는 것이 이유였다.

간추려 보기

- 한정된 자원 때문에 국제적으로 많은 갈등이 발생하며, 국제 사회는 이를 해결하기 위해 다양한 기구를 조직하고 각종 협약을 만든다.
- 환경오염 문제를 해결하고 방지하는 과정에서 선진국과 개발도상국 간의 시각차가 존재하기도 한다.
- 기후 변화, 환경오염, 생물다양성 파괴 문제는 전 인류가 함께 해결해야 할 과제이다.

6
CHAPTER

국제 사회는 인권을 어떻게 보장할까요?

인권을 보호하는 일은 국제연합과 국제형사재판소 같은 기구에만 국한된 역할이 아닙니다. 여러 개의 국제적인 캠페인 단체가 인권 보호를 위해 세계 각지에서 최선을 다하고 있습니다.

사람들이 전쟁 중에만 살해당하거나 학대당하는 것은 아닙니다. **인권**을 유린당할 위험은 곳곳에 존재합니다. 이 때문에 국제 사회는 모든 인간의 선천적인 권리를 보호하기 위해 노력합니다. 인간이라면 누구나 누려야 할 천부적인 권리는 UN 인권선언에 자세하게 정리되어 있으며, 이 선언은 1948년에 UN 총회의 승인을 받았습니다.

그러나 인권의 정확한 개념을 둘러싼 논쟁은 계속되고 있어요. 인권이란 모든 사람이 공유하는 기본적인 권리라는 정의가 가장 일반적인 견해입니다. 또한, 개개인의 권리를 인정하는 것은 다양한 관점과 문화를 포용하는 것도 포함합니다. 하지만 여러 문화권에서 인권은 대부분 사람이 공유하는 종교적인 이상과 모순되기도 합니다. 이 때문에 일각에서는 다른 종교를 믿는 사람들을 함부로 차별하는 일이 발생하곤 합니다.

대학살

인권을 남용하는 가장 극단적인 사례는 바로 대학살입니다. 국제연합은 대학살을 "국가적, 민족적, 문화적 또는 종교적 집단을 부분적으로 혹은 전체적으로 파괴하는 행위"로 정의합니다. 대학살은 제2차 세계 대전 중 나치당이 유대인 수백만 명을 살해한 것처럼 집단의 일원들을 살해하는 방식으로 일어날 수 있습니다. 하지만 다른 수단이 동원될 수도 있어요. 사람이 생존할 수 없는 환경에서 강제로 살게 하거나 집단의 일원들이 아이를 가지지 못하도록 막는 방법도 있습니다.

국제 사회는 국제연합을 통해 전 세계에서 자행되는 대학살을 막기 위해 노력합니다. 그러나 안타깝게도 제2차 세계 대전 이후의 성과는 좋지 않습니다. 국제 사회는 캄보디아(1975~1978년)나 르완다(1994년)에서 벌어진 대학살을 막지 못했습니다. 수단의 서부 지역인 다르푸르에서는 2003년 이래로 20만 명이 넘는 사람들이 대학살로 인해 목숨을 잃었습니다. 게다가 어떤 지역에서 특정 인종을 몰아내는 '인종 청소(Ethnic Cleansing)'의 결과 이보다 더 많은 사람이 고향을 떠나야 했지요. 이는 대학살이나 마찬가지인 경우가 많습니다.

다르푸르 사태에서 알 수 있듯이, 국제 사회가 한 국가 내에서 벌어지는 인권 남용 상황을 해결하는 것은 매우 어렵습니다. 게다가 국제 관계 속에서는 특정 국가가 자국의 이익을 위해 타국의 반인륜적인 범죄를 묵인하는 경우가 있습니다. 일례로 수단과 밀접한 경제적 관계를 맺고 있는 중국은 안전보장이사회의 상임이사국으로서 수단에 제재가 가해지지 않도록 거부권을 행사했어요. 이러한 상황을 방지하기 위해 국제연합의 권한을 강화하고 안전보장이사회의 체계를 개선해야 한다는 주장도 있습니다.

집중탐구 국제형사재판소

국제형사재판소(ICC, International Criminal Court)는 대학살과 전쟁 범죄를 비롯한 반인륜적인 범죄를 저지른 개인을 처벌하기 위해 2002년에 설립됐다. 그러나 ICC의 판결 권한은 제한적이다. 재판소의 권위를 인정하는 100여 개국에서 일어난 범죄만 판결 대상에 해당하기 때문이다. 안타깝게도 ICC는 중국, 러시아, 미국처럼 재판소의 권위를 인정하지 않는 국가 때문에 위상이 약화했다. 특히 미국은 ICC가 다른 나라의 요청에 따라 자국의 군인이나 정치인들을 기소할 것을 우려했다.

> 보스니아 내전 당시 군사령관이었던 라트코 믈라디치는 2011년에 국제유고전범재판소(International Criminal Tribunal for the former Yugoslavia)에서 재판을 받았다. 1995년에 당시 피난민 거주지였던 스레브레니차에서 7,500명 이상의 성인 남성과 남자 아이의 학살을 주도한 혐의였다. 이 대학살은 보스니아-헤르체고비나 공화국이 유고슬라비아로부터 독립하는 과정에서 벌어진 사건이었다.

인권 보호

인권을 보호하는 일은 국제연합과 국제형사재판소 같은 기구에만 국한된 역할이 아닙니다. 여러 개의 국제적인 캠페인 단체가 인권 보호를 위해 세계 각지에서 최선을 다하고 있습니다. 국제사면위원회(Amnesty International)나 휴먼 라이트 워치(Human Right Watch) 같은 인권 보호 단체는 인권 남용 문제에 사람들의 이목을 집중시키고 나아가 이를 막

> **인물탐구** 아웅 산 수 치
>
>
>
> 아웅 산 수 치(1945~)는 1988년부터 미얀마의 민주주의를 위한 투쟁에 앞장섰고, 그 결과 15년 넘게 조국에서 자택 구금을 당했다. 그럼에도 아웅 산 수 치는 계속해서 미얀마의 군사 정부를 상대로 비폭력 투쟁을 전개했다. 정부가 시위자들을 가혹하게 대하는 경우가 많았기 때문이다. 아웅 산 수 치는 미얀마의 민주화를 위해 힘쓴 공로를 인정받아 1991년에 노벨 평화상을 받았다. 아웅 산 수 치가 노벨상을 비롯해 다른 국제적인 상들을 여러 차례 받은 덕분에 미얀마의 상황이 전 세계인의 관심을 끌었다. 하지만 미얀마가 진정한 민주주의 국가가 되기 위해서는 여전히 갈 길이 멀다. 미얀마의 사례는 완강한 정권에 맞서기에는 국제 사회의 압박이 한계를 갖고 있음을 보여 준다.

> **알아두기**
>
> 전 세계 사람들이 압력을 가한 덕분에 인권 남용 문제가 세계인의 이목을 끌고, 결국 중단된 사례도 많다. 국제사면위원회 같은 인권 단체는 우리가 직접 참여할 수 있는 지역 지부를 세계 각지에 두고 있다. 개인적인 견해를 피력했다가 수감된 사람들을 위한 캠페인을 벌이고 싶다면 이들을 대신해 당국에 편지나 이메일을 쓸 수 있다. 이런 방식으로 국제적인 압력을 가한 덕분에 석방된 죄수가 많다.

을 수 있도록 장려하는 일을 합니다. 이러한 단체들은 정부가 꺼리는 역할을 대신하는 셈입니다. 인권 문제를 부각하면 국가 간에 긴장이 야기될 수 있기 때문입니다. 인권을 남용했다고 비난받는 국가가 강대국이거나 중요한 무역 동반자일 경우 더욱 그렇지요.

테러리스트의 인권

인권에 관한 논쟁을 해결하는 방법은 그리 간단하지 않습니다. 인권은 우리가 누구인지 그리고 어떤 견해를 지녔는지에 상관없이 모든 사람에게 보편적으로 적용됩니다. 인권 남용으로 피해를 본 사람은 그저 우리와 견해가 다른 사람일 수도 있어요. 다양한 관점을 표현할 자유도 인권의 일부로 여겨집니다.

2001년에 9·11 테러가 발생한 뒤, 미국의 주도로 아프가니스탄 침공이 시작됐습니다. 이후 쿠바의 관타나모에 있는 미해군 기지 내 수용소에는 알 카에다 소속으로 의심받는 사람들이 억류됐습니다. 이들은 항변할 기회도 없이 오랫동안 감금됐다가 이후 연방 법원이 아닌 군사 법원에서 재판을 받았어요. 미군이 테러 용의자들을 심문할 때 고문을 사용한다는 주장도 제기됐습니다. 이 문제를 둘러싸고 테러 용의자들이 실제로 테러를 저질렀다 하더라도 다른 범죄 용의자와 동등한 대우를 받아야 한다는 의견이 존재합니다.

간추려 보기

- 국제 사회는 인권을 보호하는 일에 관심을 기울이며, 다양한 기구와 단체가 인권 남용을 막기 위해 노력하고 있다.
- 인권은 사람에게 선천적인 권리이므로, 테러 용의자를 비롯한 범죄자들의 인권도 존중해야 한다는 의견이 존재한다.

CHAPTER 7

종교와 민족주의의 영향

때로는 국경이나 정부가 아닌 종교와 민족적, 문화적 정체성이 사람들 간에 훨씬 강력한 유대나 분열을 야기할 수도 있어요.

세계에는 건설된 지 100년도 채 안 된 국가가 많습니다. 과거 소련에 속해 있었던 국가들처럼 완전한 독립의 기쁨을 누린 지 몇 년밖에 안 된 국가도 있지요. 따라서 때로는 국경이나 정부가 아닌 종교와 민족적, 문화적 정체성이 사람들 간에 훨씬 강력한 유대나 분열을 야기할 수도 있어요.

종교의 역할

세계적으로 영향력이 큰 종교들은 모두 국민 국가라는 개념이 도입되기 전부터 존재했습니다. 일례로 기독교는 유럽에서 각국의 정체성을 확립하는 데 핵심적인 역할을 하기도 했지요(27쪽 참고). 이처럼 종교는 언어, 문화, 역사처럼 국가 정체성의 일부를 이루는 특징인 경우가 많아요. 물론 현대에는 대부분 국가에서 종교와 정치가 분리되어 있으며, 각자 다른 종교를 믿는 사람들이 한 나라 안에서 조화를 이루며 살아갑니다. 그러나 종교는 여전히 국제 정세에 막강한 영향력을 행사하기도 해요.

종교 단체는 윤리적인 국제 관계를 촉진하는 원동력으로 작용하는 경우가 많아요. 분쟁 피해자나 전쟁 포로를 보호하고 지원하는 국제 적십자 같은 조직을 예로 들 수 있습니다. 이 조직은 창설자인 앙리 뒤낭의 깊은 종교적 믿음에서 비롯됐어요. 또한, 종교 단체는 정치적으로 박해를 받는 이들에게 피난처를 제공하기도 합니다. 냉전 시대에 폴란드 등의 공산 국가에서는 조직화된 종교 집단의 존재가 금지되어 있었습니다. 이 때문에 가톨릭교회가 공산 체제를 반대하는 사람들의 중요한 구심점이었어요.

그러나 종교가 국제 관계에서 항상 긍정적인 역할만 수행한 것은 아니에요. 에이즈는 여러 아프리카 국가에서 큰 문젯거리인 만큼, 가톨릭교회가 에이즈의 확산을 막을 수 있는 콘돔의 사용을 반대한다고 비판하는

> **사례탐구** **이란과 이슬람 근본주의**
>
> 이란은 중동에서 가장 영향력이 큰 국가 중 하나다. 석유와 천연가스 매장량이 풍부하고, 인구도 7,500만 명이 넘으며 계속 증가하는 추세이기 때문이다. 1979년에 종교 지도자 아야톨라 호메이니가 이끈 혁명의 결과, 이란에서는 왕정이 무너지고 이란이슬람공화국이 건립됐다. 호메이니는 기독교와 서구 문명의 범람을 비판하며, 이슬람 근본주의를 통해 이슬람교의 교리를 사회의 기본으로 삼아야 한다고 주장했다. 혁명 이후 이란은 호전적인 양상을 보였고, 이 때문에 다른 국가들과의 관계가 틀어졌다. 서양 국가들은 이란이 전 세계의 테러리스트를 지지하며, 이스라엘의 반대 세력에 자금을 지원한다고 비난한다. 한편, 이웃 국가들은 이란이 자국을 위협하는 극단적인 종교 세력을 지원할까 봐 우려한다.

사람이 많아요. 심지어 2007년에는 모잠비크 가톨릭교회의 수장이 유럽에서 생산된 콘돔에 에이즈 바이러스가 묻어 있다고 주장하기도 했습니다. 또한 종교는 아랍-이스라엘 분쟁을 비롯한 여러 분쟁이나 알 카에다와 같은 테러 단체의 무력 행위를 정당화하는 데 이용되기도 합니다.

국제 관계에서 무엇이 윤리적이고 도덕적인지에 관한 기준은 각 나라나 종교마다 다릅니다. 강한 종교적 믿음을 기반으로 한 국가나 조직은 세속적인 국가를 타락했다고 여길 수도 있습니다. 반면 종교를 믿지 않거나 종교와 정치를 분리해 생각하는 사람들은 종교적인 정권의 태도에 분개할 수도 있지요. 예를 들어, 일부 이슬람 국가에서는 종교적 명분을 들어 여성 차별을 당연시하며, 이 때문에 다른 국가의 반발을 사기

이란의 대통령인 마흐무드 아흐마디네자드는 호전적인 외교 정책을 펴서 많은 논란을 불러일으켰다. 대통령직은 아흐마디네자드가 맡고 있지만, 이란의 실권은 종교 지도자들이 쥐고 있다.

도 합니다. 정치적 계산이 아닌 종교적 믿음 때문에 분쟁이 발생하면 오히려 타협에 이르기가 훨씬 어려울 수도 있습니다.

민족주의

민족 집단이 개별 국가를 형성해 스스로 통치해야 한다는 생각이 20세기에 들어서 전 세계로 확산됐습니다. 제1차 세계 대전 후 독일, 오스트리아, 터키가 통치하던 제국들이 붕괴했을 때 이런 생각이 신생국들

> **사례탐구** 영국
>
> 영국의 공식 국호는 '그레이트 브리튼 및 북아일랜드 연합왕국'이다. 브리튼 섬을 이루는 잉글랜드, 스코틀랜드, 웨일스와 북아일랜드가 모여 영국이라는 하나의 나라를 구성하고 있다. 웨일스와 잉글랜드는 1536년에 공식적으로 통합됐으며, 1707년의 연합법(Act of Union)에 따라 스코틀랜드도 여기에 합병됐다. 아일랜드 역시 영국에 의회가 통합된 1800년부터 아일랜드 자유국이 성립된 1922년 이전까지 영국의 일부였다. 현재 아일랜드는 영국에서 독립한 상태이나 북아일랜드의 여섯 개 주는 영국의 일부로 남아 있다.
>
> 이 연합은 내부적으로 여러 가지 문제를 안고 있다. 가장 큰 문제는 잉글랜드 외의 국가들이 잉글랜드의 문화에 지배당한다고 느끼는 것이다. 한편, 잉글랜드는 스코틀랜드, 웨일스, 북아일랜드처럼 독자적인 의회를 가져야 하는 것은 아닐까 자문한다. 이런 상황 때문에 중앙 정부가 내부의 작은 국가들에 대해 얼마나 권한을 행사할 수 있는지에 관한 논쟁이 생겨나기도 한다. 유럽연합처럼 규모가 더 큰 연합에서도 이런 문제가 발생한다.

의 사상적 기반이 되기도 했지요. 그러나 민족적, 인종적 정체성에 따라 국가를 이상적으로 구분하는 일이 실제로는 매우 어려운 것으로 드러났습니다. 국가들은 대부분 한 개 이상의 민족 집단이나 여러 개의 소수 집단을 포함하기 때문입니다.

민족주의란 한 국가를 향한 강한 자부심을 의미하지만, 이것이 항상 긍정적인 것만은 아닙니다. 민족주의 때문에 사람들이 특정 집단을 적대시하거나 사회 내의 소수 인종을 차별하는 예도 많아요. 다른 민족이 자국으로 이민 오는 것을 반대하는 정치 단체들은 이름에 '국민'이라는 단어를 쓰는 경우가 많습니다. 프랑스의 '국민전선'이나 영국의 '영국국민당'이 이러한 예에 해당합니다.

최악의 경우 극단적인 민족주의는 다른 민족 집단에 대한 공격이나 대학살을 정당화하는 명분이 되기도 합니다. 1990년대에 옛 유고슬라비아에서 발생한 전쟁이 바로 그러했습니다. 공산주의 체제하의 옛 유고슬라비아는 세르비아인들이 지배하고 있었는데, 보스니아의 이슬람교도 집단이 이들로부터 독립하려고 했을 때 전쟁이 벌어졌어요.

개별 국가를 설립하기 위해 민족주의를 내세우는 사람들은 의도적으로 기존의 국가를 혼란에 빠뜨리거나 분쟁을 일으키기도 합니다. 하나의 민족 집단이 인구의 다수를 구성하는 와중에 다른 집단들이 독립을 쟁취하려고 할 때 이러한 현상이 자주 나타납니다. 한 민족 집단의 거주 지역이 여러 국가에 걸쳐 있으면 상황은 더욱 복잡해질 수 있지요. 터키와 이라크를 비롯해 여러 국가에 고향이 흩어져 있는 쿠르드족을 예로 들 수 있습니다.

사진 속 난민들은 세르비아 민족주의자들과의 분쟁 때문에 1999년에 코소보의 세르비아 점령 지역을 떠나야 했다. 코소보는 결국 같은 해에 국제연합 코소보 임시 행정부가 관할하는 자치주가 됐다. 코소보 의회는 2008년에 세르비아로부터의 분리 독립을 승인했으나, 세르비아는 이를 인정하지 않고 있다.

다른 집단 존중하기

민족 집단이 각각의 독립 국가를 형성하는 것이 모범 답안처럼 보일 수도 있지만, 실제로는 여러 가지 문제를 낳을 가능성이 있습니다. 앞서 살펴본 것처럼 민족주의 때문에 분쟁이 일어날 우려가 있기 때문이에요. 하나의 문화 집단만으로 이루어진 국가는 매우 드뭅니다. 전 세계적으로 이민 인구가 많은 현대에는 더욱 그렇지요. 민족주의는 사람들이 정체성을 형성하는 과정에 도움을 줄 수 있습니다. 하지만 다른 국가나 공동체를 존중하고 이들과 균형을 이루는 가운데 도움이 되어야 합니다.

카슈미르 분쟁

카슈미르는 인도와 파키스탄의 국경 사이에 있는 지역입니다. 1947년 이래 이 지역은 인도와 파키스탄의 관계에서 언제 터질지 모르는 시한폭탄이 됐습니다. 카슈미르 분쟁은 종교와 문화적 정체성에 따라 지역을 구분하는 일이 국제 관계에 심각한 문제를 야기할 수 있음을 보여 줍니다. 특히 두 국가가 모두 핵무기를 보유했기 때문에 이 분쟁을 둘러싼 우려의 목소리가 높지요.

카슈미르 분쟁의 발단은 이 지역이 영국의 식민 지배로부터 독립한 시절로 거슬러 올라갑니다. 인도는 1947년에 독립하면서 종교적 대립 때문에 두 개의 국가로 분할됐어요. 인도의 인구 대부분은 힌두교도인 반면, 파키스탄 사람들은 대부분 이슬람교를 믿었습니다. 두 국가 사이

▎이 지도는 카슈미르 분쟁 지역을 보여 준다.

에 위치한 카슈미르 지역의 경우 인구 대부분은 이슬람교를 믿었지만 정권은 힌두교도들이 장악하고 있었습니다. 카슈미르의 수장은 처음에는 독립을 유지하려 했지만, 결국 파키스탄의 공격을 막기 위해 군사 지원을 받는 조건으로 인도의 일부가 되기로 합의했어요. 이때 인도는 카슈미르 사람들이 스스로 자국의 미래를 결정할 수 있도록 해 주겠다고 약속했지만, 그 약속은 지켜지지 않았습니다.

이후 인도와 파키스탄은 카슈미르 지역을 차지하기 위해 두 차례의 전쟁을 벌였습니다. 1949년에 일어난 첫 번째 전쟁의 결과, 이 지역은 통제선을 사이에 두고 인도령 카슈미르와 파키스탄령 카슈미르로 나뉘었지요. 1989년부터는 카슈미르 출신의 무장 세력이 인도를 여러 차례 공격하기도 했습니다. 이들 중에는 카슈미르가 파키스탄에 속하기를 바라는 사람도 있고, 독립을 선호하는 사람도 있습니다.

전문가 의견

저는 그들에게(무장 세력에게) 이렇게 말했습니다. '여러분이 하는 일은 옳지 않습니다. 이런 행동은 우리의 국가를 파괴하고, 집을 무너뜨리고, 마을을 폭격하는 것 말고는 다른 결과를 초래하지 않을 것입니다. 무고한 시민이 목숨을 잃고, 많은 여성이 강간당하고 살해될 것입니다.'

– **파루크 압둘라** 인도령 카슈미르의 주 정부 수상, 1989년

카슈미르에 거주하는 사람은 약 1,200만 명이며, 그중 900만 명은 인도령 카슈미르 지역에 살고 있다. 이 사진은 인도 군대가 통행금지령을 내리기 위해 카슈미르의 거리를 순찰하는 모습을 보여 준다.

　인도와 파키스탄의 관계는 시간이 지나면서 점차 나아졌습니다. 그러나 2008년에 인도의 뭄바이를 공격한 테러리스트들이 파키스탄 출신이었다는 주장이 제기되면서 고비를 맞기도 했어요. 카슈미르 분쟁을 끝내기 위해서는 한 국가나 양국 모두가 영토를 포기할 수밖에 없습니다. 그러나 양측은 이런 조치를 취할 준비가 되어 있지 않아요.

　한편, 카슈미르의 주민들도 의견을 통일하지 못하고 있습니다. 이들 대부분은 파키스탄 국민들처럼 이슬람교를 믿지만, 힌두교나 불교를 믿는 여러 소수 민족은 파키스탄에 속하는 것을 원치 않습니다. 그러나 다행히도 이 지역에서 전면전이 일어날 확률은 낮습니다. 양국이 모두 핵무기를 보유하고 있어 서로가 핵전쟁을 벌일까 봐 우려하기 때문입니다.

간추려 보기

- 종교와 문화는 개인과 국가의 정체성을 형성하는 데 중요한 요소이므로, 국제 관계에도 큰 영향을 미친다.
- 민족주의는 긍정적으로 작용하기도 하지만, 때로는 극단적인 민족주의 때문에 다양한 분쟁이 발생하기도 한다.

8
CHAPTER

새로운 도전 과제

석유를 비롯한 각종 자원을 통제하는 일뿐만 아니라 민족적, 종교적 분쟁을 해결하는 일도 지구촌이 함께 풀어야 할 과제입니다. 이런 쟁점들은 계속해서 국제 사회에 다양한 질문을 던질 것입니다.

여러 국가가 힘을 합쳐서 해결해야 하는 문제들은 유형도 다양하고 해결하기 어려운 경우가 많습니다. 세계 대전 이후에는 유럽 제국들이 붕괴하면서 세계 곳곳에 분쟁 지역이 생겨났습니다. 과거에 식민지였던 국가들이 독립을 위한 투쟁을 시작했기 때문입니다. 아울러 식민 지배의 유산은 국가 간의 빈부 격차 문제에 일조했지요. 또한, 20세기 중반 이후에는 냉전이 끝나고 공산주의 체제가 무너지면서 혁명의 물결이 여러 나라를 휩쓸었고, 이로 인해 다양한 갈등이 생겨났어요.

이처럼 아직 해결되지 않은 문제들을 포함해 국제 사회는 앞으로도 계속 새로운 문제에 직면할 가능성이 큽니다. 석유를 비롯한 각종 자원을 통제하는 일뿐만 아니라 민족적, 종교적 분쟁을 해결하는 일도 지구촌이 함께 풀어야 할 과제입니다. 이런 쟁점들은 계속해서 국제 사회에 다양한 질문을 던질 것입니다.

인구와 권력

세계의 인구가 늘어나면서 식량을 재배할 땅은 점점 줄어들고, 귀중한 천연자원들도 고갈되어 가고 있습니다. 국제 사회는 전 인류가 충분한 식량을 얻을 수 있도록 노력하는 동시에 자원에 관한 분쟁을 평화롭게 해결해야 하는 과제를 안고 있습니다.

국제 사회의 균형 역시 변하고 있어요. 가령 중국, 브라질, 인도 등의 국가는 경제적 성공을 기반으로 국제 사회에서 더 큰 역할을 맡을 가능성이 높습니다. 반면 20세기부터 세계 경제를 지배해 온 서양 국가들의 중요성은 낮아질 것으로 생각하는 사람이 많습니다. 이러한 국가들의 인구 증가율이 줄어들고 있으며 세계 경제에 대한 기여도도 감소했기 때문이지요.

이민 문제 때문에 여러 나라 간에 갈등이 발생하기도 합니다. 서로 다른 배경을 가진 사람들이 어울려 살다보면 인종이나 종교, 문화의 차이를 둘러싼 오해가 생겨날 가능성이 높기 때문이에요. 그러나 지역별로 자원의 격차가 존재하고, 교통과 통신 수단이 개선된 만큼 이민 인구는 앞으로도 증가할 전망입니다. 따라서 각국 정부는 이민의 혜택을 누리기 위해 이로 인한 갈등을 감수할 것인지 결정해야 합니다.

알아두기

각종 분쟁부터 기후 변화에 이르기까지 오늘날 해결해야 할 국제적인 쟁점은 많다. 이러한 문제들이 해결되지 않으면 다음 세대에 부정적인 영향을 미칠 수밖에 없다. 우리는 국제 사회가 직면한 문제를 인식하고, 정치인과 각 분야의 전문가들이 미래에 긍정적인 영향을 미칠 결정을 내리도록 도와야 한다.

인류를 향한 위협

국제연합이 처리해야 할 가장 중요한 사안 중 한 가지는 핵무기를 비롯한 대량살상무기의 확산을 막는 것입니다. 미국이나 러시아 등의 국가는 여전히 핵무기를 많이 비축하고 있습니다. 또한, 다른 국가들도 핵 기술을 획득한다면 핵전쟁이 일어날 위험이 커질 것입니다. 이 문제는 국제적인 쟁점 중에서 가장 긴급하고 중대한 사안입니다. 핵무기는 지구의 모든 생물을 파괴할 잠재력을 갖고 있기 때문입니다.

이에 못지않게 심각한 위협은 바로 기후 변화입니다. 이 문제를 해결하지 않으면 인간이 지구에서 살지 못하게 될 가능성도 있습니다. 전 세계가 지구 온난화의 위험성을 인식하고 있는데도 이 문제를 해결하기 위한 시도는 아직 성공적이지 못합니다. 이 때문에 국제 사회가 직면한 심각한 문제들을 국제연합을 비롯한 국제기구들이 해결할 수 있

전 세계에는 다양한 분쟁과 갈등이 존재하지만, 올림픽과 같은 국제적인 행사는 지구촌이 하나가 되어 우정을 나눌 수 있을 거라는 희망을 안겨 준다.

을지에 관한 의문이 제기되곤 합니다. 그러나 역사 속 사례에서도 드러나듯이 국제적인 문제와 분쟁은 여러 국가가 힘을 합쳐야만 극복할 수 있습니다.

간추려 보기

- 인구 증가에 따른 자원 부족, 무력 충돌, 기후 변화 등 국제 사회는 다양한 문제에 직면해 있다.
- 인류 전체에 위협이 될 수 있는 문제들을 해결하기 위해서는 국제 사회의 협력이 필수적이다. 이를 위해서는 공정하고 조화로운 국제 관계가 먼저 형성되어야 한다.

토론하기

Debate 01 각국은 자국의 이익과 국제 사회 전체의 이익 중 어떤 것을 우선시 한다고 생각하나요? 국제적인 쟁점 한 가지를 골라 관련국들의 역할과 의도를 연구해 보세요.

Debate 02 국제연합은 어떤 과정을 통해 특정 국가의 문제에 개입할까요? 국제연합이 2011년에 리비아에 개입한 사건을 조사해 보세요. 그리고 시리아에서도 정부가 반정부 시위자들을 무력 진압했는데도 국제연합이 개입하지 않은 이유를 생각해 보세요. 이 결정이 윤리적이었을까요?

Debate 03 왜 전 세계적으로 분쟁이 이렇게 많이 일어날까요? 국제연합이 분쟁을 효과적으로 막는다고 생각하나요? 분쟁을 방지하거나 더 쉽게 해결할 수 있는 다른 방법은 없을까요?

Debate 04 대학살 문제를 해결하기 위해 어떤 방법을 사용해야 할까요? 수단의 다르푸르에서는 정부가 특정 인종 집단을 탄압하는 정책을 편 탓에 민간인 수천 명이 목숨을 잃었고, 이와 관련해 여러 가지 문제가 발생했습니다. 과연 다르푸르에서 폭력을 막기 위해 충분한 조치가 취해졌을까요? 이 사건을 효과적으로 해결하고 평화를 유지하기 위해서는 어떤 장애물들을 제거해야 할까요?

Debate 05 국제연합과 같은 기구를 조직한다면 그 기구는 어떤 모습일까요? 여러 정부가 협력하도록 하기 위해서는 어떻게 해야 할까요? 해결해야 할 가장 중요한 쟁점은 무엇일까요?

Debate 06 핵무기의 확산이 제한되어야 할까요? 소수의 국가만 핵무기를 보유한다고 세상이 더 안전해질까요? 과연 여러 국가가 핵무기를 해체하는 데 동의할까요? 핵 군축의 역사와 이러한 쟁점을 둘러싸고 오늘날 이루어지고 있는 논의를 살펴보세요.

Debate 07 국제 사회는 다른 국가의 분쟁에 개입할 권리가 있나요? 국제연합이 군사 행동에 관한 합의를 이끌어 내지 못한다면, 다른 조직들이 국제연합의 승인 없이도 행동을 취할 수 있어야 할까요? 이런 방법이 세상을 더 안전하게 만들까요?

Debate 08 과연 전쟁이 정당화될 수 있을까요? 현재 벌어지고 있거나 최근에 벌어진 전쟁을 찾아보고, 그 전쟁이 정당화될 수 있는지 따져 보세요. 제2차 세계 대전은 정당한 전쟁이라고 불리는 경우가 많습니다. 이 주장을 살펴보고 동의하는지 생각해 보세요.

Debate 09 전 세계적인 빈곤 문제를 해결하기 위해 국제 사회가 어떤 노력을 기울여야 할까요? 모든 사람에게 먹을 것이 충분하도록 보장하려면 어떻게 해야 할까요? 국가 간의 빈부 격차가 국제 관계에 어떤 영향을 미칠까요?

Debate 10 이민은 좋은 현상일까요? 여러분이 사는 국가를 기준으로 이민의 장단점을 적어 보세요. 사람들이 왜 여러분의 국가로 이민을 오는지, 그리고 사람들이 왜 다른 국가에 가서 사는지 생각해 보세요.

Debate 11 국제 사회가 기후 변화에 맞서 충분히 노력하고 있을까요? 국가들은 기후 변화 문제를 해결하기 위해 국제적인 계획이 합의될 때까지 기다려야 할까요? 아니면 국가마다 자체적으로 행동을 취해야 할까요? 온실가스 배출량 규제 때문에 선진국을 경제적으로 따라잡지 못한다는 개발도상국의 주장에 대해서도 생각해 보세요.

Debate 12 기본적인 인권이란 무엇일까요? UN 인권선언문을 살펴보고 이 목록에 추가하고 싶은 권리가 있는지 생각해 보세요.

용어 설명

개발도상국 경제가 아직 완전하게 발달하지 못했으며, 전반적인 사회 체제 역시 변동 중인 나라. 상대적으로 가난한 경우가 많으며, 아프리카, 아시아, 남아메리카의 여러 국가가 여기에 해당한다.

공산주의 공동체의 일원들이 재산을 공동으로 생산하고 소유하며, 이를 평등하게 소비해야 한다는 사상. 계급이 없는 사회를 수립하는 것이 최종 목표다.

난민 인종, 종교 또는 정치적, 사상적 차이로 인한 박해를 피해 다른 지역으로 탈출하는 사람.

냉전 미국과 소련 간의 긴장이 최고조에 달했던 시기. 제2차 세계 대전 이후부터 약 1991년까지 이어졌으며, 미국과 소련을 각각 지지하는 동맹국들에 의해 세계가 두 진영으로 나뉘어 대치했다. 그러나 이 대립은 직접적으로 무력을 사용하기보다는 경제, 외교, 정보 등을 수단으로 했다.

다국적 기업 여러 나라에 계열 회사를 거느리고 세계적 규모로 생산, 판매하는 대기업을 의미. 세계 기업(world enterprise)이라고도 함. 최근에는 다국적 기업이 개발도상국의 경제 자립을 방해한다는 우려의 목소리가 높음.

대량살상무기 핵무기나 미사일, 생화학무기처럼 짧은 시간에 대량의 인명을 살상할 수 있는 무기.

대학살 민족이나 문화 전체를 박해하거나 몰살하는 행위.

민족주의 민족의 구성원이 민족 국가를 형성하기 위해 노력하는 투쟁 과정에서의 의식과 운동.

민주주의 국가의 주권은 국민에게 있으며, 국민을 위해 국가의 정치가 이뤄져야 한다는 사상, 혹은 이러한 사상이 실현된 제도나 정치 체제.

산업화 생산 활동의 분업화와 기계화로 말미암은 사회 구조의 변화.

선진국 다른 나라보다 정치, 경제, 문화 등의 발달이 앞선 나라. 영국이나 미국처럼 상대적으로 부유한 국가인 경우가 많다.

소련 현재의 러시아와 여러 동유럽 국가가 과거에 형성했던 연방국가. 정식 명칭은 소비에트 사회주의 공화국 연방이다. 소련은 냉전 시대에 미국 및 그 동맹국과 대치했으나, 결국 1991년에 해체됐다.

식민지 다른 국가의 통치를 받는 지역.

압력 단체 특정한 이익이나 주장이 정책에 반영될 수 있도록 정부나 의회 등에 다양한 방법으로 정치적 압력을 행사하는 사회 집단.

에어로졸 연기나 안개처럼 기체 중에 고체나 액체의 미립자가 흩어져서 떠다니는 상태. 헤어스프레이나 방향제, 살충제 등이 캔에 에어로졸을 담은 형태로 생산된다.

온실가스 대기를 오염시켜 온실 효과를 일으키는 가스. 이산화탄소, 메탄 등 6가지 종류가 있다.

인권 사람으로서 마땅히 누려야 할 보편적인 자유와 권리.

자본주의 이윤 추구를 목적으로 하며 자본에 의해 지배되는 경제 체제. 자본주의는 사유 재산 제도에 기반을 두고 있으며, 현재 여러 나라가 자본주의를 기반으로 경제 활동을 벌이고 있다.

제국 여러 국가나 민족을 통치하고 통제하는 정치 체계.

제국주의 강한 군사력과 경제력을 바탕으로 다른 나라나 민족을 정벌해 식민지로 삼으려는 경향이나 정책.

제재 일정한 규칙이나 관습을 위반하는 행위를 제한하거나 금지하는 조치.

조약 문서에 의한 여러 국가 간의 합의.

지구 온난화 지구 표면의 평균 온도가 상승

하는 현상. 인간의 활동 탓에 이 현상이 가속화되고 있다는 주장이 널리 받아들여지고 있다. 지구 온난화 때문에 해수면이 상승하면 생태계가 파괴되고 자연재해가 늘어날 우려가 있다.

총력전 승리를 위해 한 국가가 가진 힘을 모두 기울여서 수행하는 전쟁. 설비나 물품 등을 동원하는 것은 물론, 전 국민의 정신적인 역량을 집결시켜 국가 전체를 전쟁을 위한 조직으로 탈바꿈시키는 것을 목표로 삼는다.

핵무기 핵반응에 의해 발생하는 에너지를 파괴나 살상 등의 군사적 목적으로 사용하는 무기.

홀로코스트 일반적으로 인간이나 동물을 대량으로 태워 죽이거나 대학살하는 행위를 의미하지만, 주로 제2차 세계 대전 중 나치 독일이 자행한 유대인 대학살을 가리키는 고유 명사로 쓰임.

연표

1492년	콜럼버스가 아메리카 대륙을 발견했다.
1513년	마키아벨리가 《군주론》을 집필했다.
1618년	30년 전쟁이 발발해 유럽 국가들이 두 진영으로 나뉘어 전쟁을 벌였다.
1648년	베스트팔렌 조약이 체결돼 근대적 의미의 국가 개념이 탄생했다.
1707년	연합법에 의해 스코틀랜드가 잉글랜드를 주축으로 하는 그레이트 브리튼 왕국에 합병됐다.
1914년	제1차 세계 대전이 발발했다.
1939년	독일의 폴란드 침공을 시작으로 제2차 세계 대전이 발발했다.
1945년	제2차 세계 대전이 끝나고, 국제연합(UN)이 결성됐다.
1947년	국제연합에 의해 팔레스타인이 두 지역으로 분할됐다.

1967년	제3차 중동전쟁을 통해 이스라엘이 요르단 강 서안 지역인 웨스트 뱅크와 동예루살렘 지역을 획득했다.
1970년	핵확산금지조약이 시행되기 시작했다.
1971년	환경 보호를 목적으로 하는 압력 단체인 그린피스가 설립됐다.
1987년	오존층을 파괴하는 물질을 규제하기 위한 몬트리올 의정서가 체결됐다. 우리나라는 1992년에 가입했다.
1988년	기후 변화에 관한 정부 간 협의체(IPCC)가 설립됐다.
1991년	소련이 해체됨에 따라 러시아와 동구권 국가에 변화의 바람이 불기 시작했다.
1993년	유럽연합(EU)이 탄생했다.
1994년	르완다에서 내전이 일어나서 투치족에 대한 대학살이 벌어졌다.
1997년	지구 온난화를 규제하고 방지하기 위한 교토 의정서가 기후변화협약 제3차 당사국 총회에서 채택됐다.
2001년	9·11 테러가 발생했다. 이 사건을 계기로 이슬람 무장 단체에 대한 '테러와의 전쟁'이 시작됐다.

2002년	1999년부터 시작된 유로화 단일 정책이 종료되고, 유럽 여러 나라에서 유로화가 유일한 공식 통화로 자리 잡았다.
2003년	미국과 영국 등의 연합군이 이라크를 침공했다.
2006년	국제연합 제8대 사무총장으로 우리나라의 전 외교통상부 장관이었던 반기문이 선출됐다.
2009년	온실가스 감축 목표를 제시하기 위한 코펜하겐 협정이 마련됐다.
2011년	이집트 혁명이 일어나 장기 집권 중이던 무바라크 대통령이 퇴진했다.

더 알아보기

국제사면위원회 www.amnesty.org
국제사면위원회는 인권을 옹호하고 인권 남용을 막기 위해 조직된 민간단체다. 주로 부당하게 체포되거나 투옥된 정치범의 석방 운동을 벌인다.

국제연합 www.un.org/en
국제연합의 공식 웹사이트다. 국제연합의 회원국과 국제연합을 구성하는 각종 기구나 조직 그리고 그 역할을 다양한 언어로 소개하고 있다.

국제적십자위원회 www.redcross.or.kr/icrc/main.do
전 세계적으로 구호 활동을 벌이는 독립적인 인도 기관인 국제적십자위원회의 한국어 사이트다. 이 기관은 전쟁이나 무력 충돌의 피해자들을 국제법에 따라 지원하고 있다.

기상청 기후변화정보센터 www.climate.go.kr
기후 변화의 요인과 이를 설명하기 위한 각종 이론을 설명한 사이트이다. 국내외의 다양한 기후 변화 대책도 함께 소개하고 있다.

외교부 www.mofa.go.kr
외교부의 공식 웹사이트다. 우리나라의 외교 정책 및 다른 나라와의 교류 현황을 알 수 있다.

유니세프 한국위원회 www.unicef.or.kr
국제연합에서 설립한 유니세프의 한국 지부다. 개발도상국의 어린이들을 지원하기 위해 다양한 활동을 벌이고 있다.

한국국제협력단 www.koica.go.kr
우리나라와 개발도상국 간의 우호 협력 및 상호 교류를 위해 설립된 기관이다. 개발도상국들이 경제적, 사회적으로 발전하도록 지원함으로써 국제협력 증진에 기여하고 있다.

찾아보기

ㄱ

개발도상국 63-65, 68, 70, 76, 80, 82
공산주의 34-35, 99, 107
교토 의정서 79
국제사면위원회 90-91
국제사법재판소(ICJ) 17
국제연합(UN) 16-17, 34, 42, 45-46, 49-51, 53, 68, 88, 90, 109
국제원자력기구(IAEA) 49, 80
국제해사기구(IMO) 82
기후 변화 22, 78-80, 108-109

ㄴ

냉전 19, 34-35, 42, 46-47, 96, 107
니콜로 마키아벨리 19-20

ㄷ

다국적 기업 18, 20, 64
대학살 33, 87-89, 99
동남아시아국가연합 (ASEAN) 17, 37

ㅁ

모하메드 엘바라데이 49
몬트리올 의정서 82
무아마르 카다피 51
미하일 고르바초프 35
민족주의 98-100

ㅂ

북미자유무역협정(NAFTA) 16, 36
비정부 기구(NGO) 66

ㅅ

사담 후세인 43, 47, 49
생물다양성 82-83
석유수출국기구(OPEC) 17
세계무역기구(WTO) 66
세계은행 63, 65, 75
시몬 볼리바르 29

ㅇ

아돌프 히틀러 32, 43
아랍-이스라엘 분쟁 52-55, 97
아야톨라 호메이니 96
아웅 산 수 치 90
아이만 알 자와히리 56
안와르 사다트 56
안전보장이사회 17, 42, 45, 51, 88
알 카에다 18, 56, 92, 97
알렉산더 매켄지 31
연합법 98
열대 우림 84
오사마 빈 라덴 56
원자력 49, 80
유니세프(UNICEF) 68
유럽연합(EU) 36-37, 98
이츠하크 라빈 55

ㅈ

제1차 세계 대전 32, 98
제2차 세계 대전 32-35, 42, 44, 68, 88
조지 부시 79
존 몰리 14
종교 개혁 27

ㅋ
카슈미르 분쟁 101, 103

ㅌ
테러리즘 55–58
토니 블레어 47

ㅍ
파루크 압둘라 102
프랭클린 루스벨트 31

ㅎ
핵무기 46–49, 101, 104, 109
홀로코스트 33, 44

기타
30년 전쟁 27
9 · 11 테러 57, 91

내인생의책은 한 권의 책을 만들 때마다
우리 아이들이 나중에 자라 이 책이 '내 인생의 책'이라고 말할 수 있는 책을 만들고자 합니다.

세상에 대하여 우리가 더 잘 알아야 할 교양
24 국제 관계 어떻게 이해해야 할까? (원제: International Relations)

닉 헌터 글 | 황선영 옮김 | 정서용 감수

초판 발행일 2013년 6월 5일 | 3쇄 발행일 2023년 9월 8일
펴낸이 조기룡 | 펴낸곳 내인생의책 | 등록번호 제10-2315호
주소 서울시 서초구 나루터로 70, 엠피스센터 212-1호(잠원동, 영서빌딩)
전화 (02)335-0449, 335-0445(편집) | 팩스 (02)6499-1165
전자우편 bookinmylife@naver.com | 카페 http://cafe.naver.com/thebookinmylife
편집주간 한소원 | 편집장 이은아 | 책임편집 이채리 | 편집 황윤진 조일현 김수령 이다겸 진송이
디자인 이자현 한은경 심재원 | 마케팅 김상석 | 경영지원 김지연

이 책의 한국어판 저작권은 시빌에이전시를 통해
영국 Capstone Global Library 출판사와 독점 계약한 내인생의책에 있습니다.
저작권법에 의해 한국 내에서 보호를 받는 저작물이므로 무단 전재 및 무단 복제를 금합니다.

ISBN 978-89-97980-44-4 44300
ISBN 978-89-91813-19-9 44300(세트)

《International Relations》 by Nick Hunter
Under licence to Capstone Global Library Limited.
Text © Capstone Global Library Limited 2013
All rights reserved.

Korean translation copyright © 2013 by TheBookinMyLife Publishing Co
This Korean edition is published by arrangement with Capstone Global Library Limited through Sibylle Books
Literary Agency, Seoul, Korea

책값은 뒤표지에 있습니다. 잘못된 책은 구입처에서 바꾸어 드립니다.

이 도서의 국립중앙도서관 출판시도서목록(CIP)은 e-CIP 홈페이지(http://www.nl.go.kr/ecip)에서 이용하실 수 있습니다.
(CIP제어번호: 2013006356)

디베이트 월드 이슈 시리즈
세상에 대하여 우리가 더 잘 알아야 할 교양

전국사회교사모임 선생님들이 번역한 신개념 아동·청소년 인문교양서!

《디베이트 월드 이슈 시리즈 세더잘》은 우리 아이들에게 편견에 둘러싸인 세계 흐름에서 벗어나 보다 더 적확한 정보와 지식을 제공합니다. 모두가 'A는 B이다.'라고 믿는 사실이, 'A는 B만이 아니라, C나 D일 수도 있다.'는 것을 알려 주면서 아이들이 또 다른 진실을 발견하도록 안내합니다.

★ 전국사회교사모임 추천도서 ★ 문화체육관광부 우수교양도서 ★ 한국간행물윤리위원회 청소년 권장도서 ★ 서울시교육청 추천도서 ★ 보건복지부 우수건강도서
★ 아침독서 추천도서 ★ 대교눈높이창의독서 선정도서 ★ 학교도서관저널 추천도서

세더잘 23
국가 정보 공개 어디까지 허용해야 할까?
케이 스티어만 글 | 황선영 옮김 | 전진한 감수

국민은 국가의 정보를 알 권리가 있다.
vs 시민의 생명과 재산을 위해 비밀 유지가 필요할 때도 있다.

점차 사회적 관심사로 떠오르고 있는 정보공개제도에 대해 다뤘다. 정보공개제도는 시민이면 누구나 국가 기관의 정보에 접근할 수 있게 보장하는 것이다. 책은 정보공개제도 확대의 역사와 찬반 논쟁에서 실제 정보공개를 청구하는 방법에 이르기까지 아주 꼼꼼히 기술했다. 더불어 정보공개제도가 시행됨에 따라 공무원들의 사생활이 침해되는 등 제도가 가지는 몇 몇 문제점도 함께 고민하며 사고의 깊이를 더했다.

세더잘 22
줄기세포 꿈의 치료법일까?
재키 베일리 글 | 장선하 옮김 | 김호연 감수

줄기세포는 질병 퇴치와 수명 연장의 꿈을 실현해 줄 것이다.
vs 윤리적 논란과 안전성 문제가 해결되지 않는 한 섣부른 기대다.

줄기세포는 꿈의 치료법으로 기대를 모으며 국가적으로 지원받고 있는 의료 분야의 화두입니다. 이 책은 줄기세포에 대한 과학적 지식은 물론, 줄기세포 연구를 이해할 때 수반되는 동물 실험이나 유전 공학, 인간 복제, 민간 자본 개입 문제에 대해서도 자연스레 꿰어 감으로써 21세기 생명과학과 생명윤리 전반에 대한 기초 소양을 쌓게 해 줍니다.

세더잘 21
안락사 허용해야 할까?
재키 베일리 글 | 장선하 옮김 | 김호연 감수

안락사는 가면을 뒤집어쓴 살인 행위에 불과하다.
vs 인간은 품위 있는 죽음을 선택할 수 있어야 한다.

이 책은 안락사 전반을 둘러싼 사회문화적, 철학적 쟁점들을 균형 있게 살펴보면서 삶과 죽음의 문제에 접근합니다. 안락사를 현대 의학의 효율성과 경제적 측면에서 바라보는 것이 아니라 삶과 죽음이라는 커다란 그림 안에서 바라보게 하는 것이지요. 끝없이 계속되는 안락사 찬반 논쟁을 살펴보면서 삶의 소중함을 깨달아 봅시다.

세상에 대하여 우리가 더 잘 알아야 할 교양

세더잘 20
피임 인구 조절의 대안일까?
재키 베일리 글 | 장선하 옮김 | 김호연 감수

태아는 태어날 권리가 있다.
vs 피임은 인간다운 삶의 필요조건이다.

피임과 인구 문제는 서로 어떤 연관성이 있을까요? 중국의 '한 자녀 정책'과 같은 국가 차원에서의 피임 정책이 인구 증가를 잡는 해결책이 될 수 있을까요? 출산율을 잡으려다 자칫 태아의 생명권만 침해하는 건 아닐까요? 일반적인 청소년 교양서들이 피임과 인구 문제를 분리해서 다루는 데 비해 이 책은 두 주제 간에 통합적인 사고를 이끌어 내는 게 특징입니다.

세더잘 19
유전 공학 과연 이로울까?
피트 무어 글 | 서종기 옮김 | 이준호 감수

유전 공학 기술의 발전과 활용은 반드시 필요하다.
vs 생물의 기본 구성 요소를 건드리는 것은 위험한 일이다.

인류는 인간의 삶에 유용하도록 동식물의 유전자를 변형시켜 왔습니다. 복제 양 돌리가 탄생하고 우유를 많이 생산해 내는 젖소와 육질이 풍부한 소는 물론 털이 빨리 자라는 양과 병해충과 농약에 강한 농작물 등이 바로 그 결과물입니다. 유전 공학의 발전으로 생명 연장의 길이 열리게 되었다고 열광하는 사람들도 있습니다. 이처럼 날로 발전하는 유전 공학의 기술이 과연 인간에게 이로운 것인지에 대해 함께 토론해 봅시다.

세더잘 18
낙태 금지해야 할까?
재키 베일리 글 | 정여진 옮김 | 양현아 감수

낙태는 개인의 선택에 맡겨야 한다.
vs 국가가 규제하고 제한해야 한다.

낙태는 금지되어야 할까, 아니면 허용해야 할까? 만약 허용한다면 어디까지 허용해야 할까? 이와 같은 낙태에 대한 논쟁은 아주 오래전부터 끊임없이 지속되어 왔습니다. 낙태는 아이를 가진 여성 개인의 문제만이 아닌 태아를 하나의 인격체로 봐야 하는지 아닌지에 대한 부분까지 고려해야 하는 결코 쉽지 않은 주제입니다.

세더잘 17
프라이버시와 감시 자유냐, 안전이냐?
캐스 센커 글 | 이주만 옮김 | 홍성수 감수

프라이버시는 인간의 본질적 권리로 우리 모두가 지켜 나가야 한다.
vs 개인 PR의 시대, 자신의 프라이버시를 얼마큼 보호하느냐는 각자가 선택할 사항이다.

거리 곳곳에는 CCTV가 넘쳐나고, 생체 정보로 신원을 확인하고, 인터넷을 쓰려면 사이트마다 개인 정보를 입력해야 하는 등 프라이버시 침해와 일상적인 감시가 만연한 시대가 되었습니다. 범죄 예방 등 공동체의 안전을 담보하고 정보화 시대의 편익을 누리면서도 기본 인권인 프라이버시를 어떻게 지켜 낼 수 있을지 생각해 봅니다.

세더잘 16
소셜네트워크 어떻게 바라볼까?
로리 하일 글 | 강인규 옮김

소셜 네트워크는 표현의 자유를 확장할 것이다.
vs 사생활 침해를 증가시킬 것이다.

페이스북이나 트위터와 같은 소셜 네트워크는 우리가 더 빠르고 빈번하게 소식을 주고받도록 도와줍니다. 아이티에서 지진이 발생했을 때도, 허리케인이 미국을 강타했을 때도, 이 소식을 가장 먼저 전했던 것은 바로 SNS였습니다. 하지만 역기능도 만만치 않습니다. 소셜 네트워크는 우리 생활을 어떻게 바꾸고 있을까요?

세더잘 15
인권 인간은 어떤 권리를 가질까?
은우근, 조셉 해리스 글 | 전국사회교사모임 옮김

인권은 모든 지역, 모든 사람에게 동등하게 적용되어야 한다
vs 인권의 잣대를 일률적으로 들이대선 안 된다

신문을 펼치면 연일 보도되는 비정규직 문제, 주택 문제, 성 폭력, 학교 폭력, 이주민 문제 등 인간사 모든 것이 인권과 관련되어 있습니다. 이 책은 인권 개념의 발견에서부터 하나하나의 구체적 권리를 세우기까지 인권 발전의 역사를 통해 인권의 이론과 실재를 한눈에 살피고 인권감수성을 키워 줍니다.

세더잘 14
관광산업 지속 가능할까?
루이스 스펠스베리 글 | 정다워 옮김 | 이영관 감수

관광산업은 일자리를 창출하고, 국가 경제에 큰 도움이 된다.
vs 관광산업은 자연을 훼손하고, 현지인의 전통적 삶의 방식을 파괴한다.

관광산업이 커지면서 사람들은 경제가 발전하고 다른 문화에 대한 접근성이 높아지는 이점을 누리게 되었습니다. 한편, 관광산업 노동자들의 근로 환경이 오히려 열악해지거나 자연이 훼손되는 부작용도 생겨났습니다. 이러한 문제들을 극복하기 위한 관광이 바로 지속 가능한 관광입니다. 책임관광, 공정여행이라고도 불리는 지속 가능한 관광을 다양한 관점에서 성찰해 봅니다.

세더잘 13
동물실험 왜 논란이 될까?
페이션스 코스터 글 | 김기철 옮김 | 한진수 감수

동물실험은 과학과 의학의 진보를 위해 반드시 필요하다.
vs 동물실험은 무의미하게 생명을 죽이므로 폐지해야 한다.

동물실험은 새로이 개발된 의약품이나 화학물질 등을 시판하기 전, 그 안전성을 검증하기 위해서 거치는 과정입니다. 인류는 수많은 동물의 희생으로 건강한 삶을 얻었습니다. 그러나 그 희생이 과연 윤리적으로 합당한지는 생각해 볼 문제입니다. 첨예한 논란을 일으키는 동물실험의 찬반양론을 명쾌하게 정리한 이 책을 읽고 과학 윤리에 대해 생각해 봅시다.

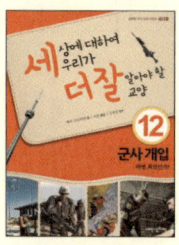

세더잘 12
군사 개입 과연 최선인가?
케이 스티어만 글 | 이찬 옮김 | 김재명 감수

군사 개입은 인권 보호를 위해 필요하다.
vs 군사 개입은 다른 나라의 주권을 침해할 뿐이다.

군사 개입은 세계에서 가장 논란이 되는 문제 중 하나입니다. 군사 개입으로 인해 사람이 죽고 공동체가 파괴되기 때문이지요. 폭력을 막기 위해 또 다른 폭력을 사용해도 될까요? 전쟁에 시달리고 있는 지구촌이 평화를 되찾는 법은 없을까요? 이 책은 국제 사회의 뜨거운 감자, 군사 개입을 다루며 지구촌 폭력과 평화에 대해 폭넓게 성찰하게 합니다.

세더잘 11
사형제도 과연 필요한가?
케이 스티어만 글 | 김혜영 옮김 | 박미숙 감수

사형은 국가가 행하는 합법적인 살인이므로 폐지되어야 한다.
vs 사형은 범죄를 억제하는 가장 효과적인 방법이므로 존치시켜야 한다.

사형제도 존폐를 둘러싼 팽팽한 논쟁은 지금도 이어지고 있습니다. 이 책은 사형제도 존폐론 외에도 사형 집행의 과정을 생생한 사례와 구체적인 논거로 철저히 분석합니다. 과연 사형에서 공정한 집행이 이루어지고 있는지, 오류는 없는지 등을 포함해, 사형제도를 둘러싼 국제적 이슈를 담아냈습니다. 이 책을 읽고 사형제도에 대한 자신만의 생각을 정립해 봅시다.

세더잘 10
성형수술 외모지상주의의 끝은?
케이 스티어만 글 | 김아림 옮김 | 황상민 감수

미용 성형 산업을 객관적인 시선으로 바라보도록 도와주어 현대 사회에 대한 근본적인 물음을 던지게 하는 책

성형 수술의 역사, 의미, 효과, 역사적 배경, 성형 산업의 현실 등을 상세하게 설명해 미용 성형에 대해 스스로 생각하고 합리적으로 판단할 수 있는 힘을 길러줍니다. 마땅히 '수정되어야 할 몸'에 대한 끊임없는 강박과 열등감이 만연한 현대 사회를 어떻게 바라봐야 할지 다시 한 번 깊이 생각하게 해 줄 것입니다.

세더잘 09
자연재해 인간과 자연이 공존하는 길은?
안토니 메이슨 글 | 선세갑 옮김

자연재해에 관한 사회·과학 통합서 '자연 대 인간'에서 '자연과 인간'으로!

이 책은 자연재해의 유형과 원인을 과학 원리로 설명하고, 피해자 구조나 복구 과정, 방재 대책 등에 관해 체계적으로 살펴봅니다. 또한 자연재해의 이면에 숨어 있는 정치·경제적인 논의와 함께 인간의 무분별한 행태가 재해를 부추기는 면도 지적하며 인문학적인 성찰을 유도합니다.

세더잘 08
미디어의 힘 견제해야 할까?
데이비드 애보트 글 | 이윤진 옮김 | 안광복 추천

미디어는 규제받아야 한다. vs 미디어는 자유로워야 한다.

오늘날 제4의 권력이라고 불릴 정도로 강력해진 미디어의 힘에 대해 알아봅니다. 미디어를 지탱하는 언론 자유와 그 힘을 통제하려는 정부의 규제 사이에서 벌어지는 논쟁에 대한 다양한 관점을 제시하고, 미래의 미디어가 나아가야 할 방향에 대해서 생각해 보도록 돕습니다.

세더잘 07
에너지 위기 어디까지 왔나?
이완 맥레쉬 글 | 박미용 옮김

지구 온난화, 전쟁과 테러, 허리케인… 이 모든 것은 에너지 위기에서 비롯되었다!

우리는 에너지 없는 세상에서 하루도 살 수 없습니다. 하지만 현재 속도로 에너지를 소비한다면 앞으로 40년 이내에 주에너지원인 석유가 고갈될 것입니다. 이 책은 에너지 위기가 불러올 정치, 사회, 경제, 환경의 변화를 알아보고, 무엇이 화석연료를 대신할 차세대 에너지원이 될지 꼼꼼히 따져 봅니다.

세더잘 06
자본주의 왜 변할까?
데이비드 다우닝 글 | 김영배 옮김 | 전국사회교사모임 감수

인류를 위한 가장 바람직한 자본주의의 변화상은 무엇인가?

자본주의의 역사와 발전상에 대해 알아보면서 자본주의라는 경제 체제가 인류를 위해 어떻게 복무했는지, 문제가 발생하면 그때마다 인류에게 봉사하기 위해 어떤 모습으로 변신했는지에 대해 알아봅니다. 이를 통해 논쟁이 끊이지 않는 21세기의 자본주의가 어떻게 변해야 할지에 대해 생각해 보도록 합니다.

세더잘 05
비만 왜 사회문제가 될까?
콜린 힌슨, 김종덕 글 | 전국사회교사모임 옮김

왜 지구 한쪽에서는 굶어 죽는데,
다른 한쪽에서는 비만으로 죽는 걸까?

이 책은 이러한 역설에서 출발합니다. 오늘날 비만이 왜 사회 문제가 되었는지 역사적, 문화적 관점에서 살피고 선진국과 개발도상국에서 나타나는 비만 문제의 양상과 그 속에 숨은 식품산업의 어두운 그림자, 나아가 전 세계적 차원의 식량 문제로까지 사고의 범위를 넓혀 줍니다.

세더잘 04
이주 왜 고국을 떠날까?
루스 윌슨 글 | 전국사회교사모임 옮김 | 설동훈 감수

지구촌 다문화 시대의 국제 이주 바로 알기

오늘날 국제 사회와 다문화, 다민족 사회를 이해하기 위해 꼭 알아야 할 '이주'에 관한 책. 왜 사람들은 이주를 선택하거나 강요받는지에 대한 다양한 관점을 제시하고, 또 이에 대한 정부의 정책과 국제기구의 활동도 알려 줍니다.

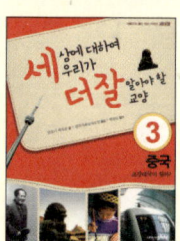

세더잘 03
중국 초강대국이 될까?
안토니 메이슨 글 | 전국사회교사모임 옮김 | 백승도 감수

세계 초강대국으로 떠오르고 있는 중국 바로 알기

우리나라는 정치·경제적으로 중국과 더욱 긴밀한 관계를 맺고 있습니다. 가까운 미래에 중국의 영향력은 더 커질 것이기에 중국을 제대로 이해해야 합니다. 이 책은 객관적 시선으로 중국을 편견 없이 바라보도록 돕습니다.

세더잘 02
테러 왜 일어날까?
헬렌 도노호 글 | 전국사회교사모임 옮김 | 구춘권 감수

평화로운 세상을 위해 더 잘 알아야 하는 불편한 진실, 테러

이 책은 테러에 대해 어떤 특정 사건과 집단 대신 '테러'라는 하나의 축으로 세계 갈등의 역사를 조망합니다. 나아가 평화로운 세상을 만들기 위해서 테러에 대해 잘 알아야 한다고 역설합니다.

세더잘 01
공정무역 왜 필요할까?
아드리안 쿠퍼 글 | 전국사회교사모임 옮김 | 박창순 감수

공정 무역 = 페어플레이. 초콜릿과 축구공으로 보는 세계 경제의 진실

공정무역을 포함한 무역과 시장경제를 올바르게 이해하도록 돕습니다. 오늘날 기업은 생존과 발전을 위해서 사회 책임을 다해야 하고, 따라서 공정무역에 관심을 가질 수밖에 없습니다. 우리 아이들이 미래의 리더가 되기 위해 꼭 알아야 할 공정무역에 관한 책입니다.

※ 디베이트 월드 이슈 시리즈 **세더잘**은 계속 출간됩니다.